ELISABETH BONNEAU

Knigge für
Individualisten

... für alle, die sich nicht verbiegen wollen

PROST MAHLZEIT? MIT KNIGGE AM TISCH

GLEICHBERECHTIGTES MITEINAN-
DER ODER: ICH + DU = WIR

Wem gibt der Gastgeber die Hand zuerst: dem jungen Vorstand oder der älteren Abteilungsleiterin? Darf man seinen Gästen zur Forelle Rotwein servieren? Oder Bier? Und was spricht eigentlich gegen Jeans und T-Shirt im Büro? Überhaupt nichts? Oder doch eine Menge?

Wer erfahren will, was korrektes, normgerechtes Verhalten ausmacht, schlägt in einem »Knigge« nach. Weil er sich bei Begegnungen mit anderen sicher fühlt, wenn er weiß, was sich gehört. Weil er überzeugt ist, dass er zu einer guten Beziehung – einem guten Wir – beiträgt, wenn er sich als handelndes Ich den Bedürfnissen seines Gegenübers anpasst – den Bedürfnissen des Du also.

So gibt der Gastgeber laut Etikette zuerst dem Vorstand die Hand, um diesen als Nummer eins des Unternehmens zu würdigen. Und danach erst kommen die restlichen Mitarbeiter an die Reihe – auch die Abteilungsleiterin. Man serviert einen leichten Weißwein zur Forelle, weil ein schwerer Roter den Geschmack des feinen Fisches erdrücken würde. Dann wären Wein wie Fisch weniger schmackhaft. Klingt einleuchtend. Und ist *Best Practice*, wie man heute sagt. All das sind Übereinkünfte, Konventionen, Norm gewordener Gebrauch im Alltag.

Heißt das, dass wir uns diesen Normen bedingungslos unterwerfen müssen, damit ein gutes Miteinander garantiert ist? Haben wir denn gar keine Aussicht auf einen individuellen Stil? Oh doch! Denn Ich-Stärke ist in einer erfolgreichen Kommunikation genauso gefragt wie die Fähigkeit, Brücken zu bauen. Deshalb zeigt Ihnen der »Knigge für Individualisten«, wie Sie vor dem Hintergrund aktueller Konventionen Ihren persönlichen Stil finden und leben können. Inklusive all der großen und kleinen Eigenheiten, die nun mal zu Ihnen gehören. Erfahren Sie, wie Sie am elegantesten die Abteilungsleiterin vor ihrem Vorstand begrüßen und wann Sie statt weißen roten Wein zur Forelle trinken können. Oder auch Bier. Ganz, wie Sie möchten.

Welche Umgangsformen sind wirklich wichtig? Wie bringen Sie diese geschickt in Einklang mit Ihrer Individualität? Wie weit können Sie sich wegbewegen vom Pfad der Konventionen, ohne sich dabei den Knöchel zu verstauchen? Auf all diese Fragen gibt das Buch Antworten. Und auf diese ebenfalls: Wo liegt das Risiko, wenn sich unterschiedliche Erwartungen, Verhaltensweisen und Charaktere treffen? Wo die Chance? Ja, Sie haben richtig gelesen: Chance. Denn die dosierte Regelverletzung hat durchaus Charme – wenn alle wissen, was sie tun. So ist dieses Buch für alle gedacht, die bei »Knigge« eine Herausforderung für ihr Rückgrat sehen.

Ja, aber – ist das dann noch »Knigge«? Lassen Sie uns nachschlagen bei dem Freien Herrn Knigge, wie er sich selbst nannte. Genauer: In seinem Werk »Über den Umgang mit Menschen«, das die Leute umso lieber zitieren, je weniger sie es gelesen haben. Sein erklärtes Ziel war es, »sich nach den Temperamenten, Einsichten und Neigungen der Menschen zu richten, ohne falsch zu sein; sich ungezwungen in den Ton jeder Gesellschaft stimmen zu können, ohne weder Eigentümlichkeit des Charakters zu verlieren, noch sich zu niedriger Schmeichelei herabzulassen.« Schon Knigge höchstselbst lag also an einer Beziehung, aus der zwei starke Partner einen Gewinn ziehen. Erst Ihr Spiel mit den Konventionen lässt Sie als Persönlichkeit glänzen. Spielen Sie mit! Und spielen Sie mit »Knigge!«

Ihre *Elisabell Bonneau*

Typsache
Knigge

Mensch ärgere dich nicht, Dame, Golf … – Sie wissen: Wer gegen Spielregeln verstößt, stellt sich gegen die Gemeinschaft und wird mit Sicherheit von der Spielrunde ausgeschlossen. Dabei kann jeder Spieler beeinflussen, auf welche Art er seine Chancen und die seiner Mannschaft erhöht. Um diese Freiräume geht es hier. Denn auch beim *Mensch ärgere dich nicht* des Alltags gilt: Wer die Grundregeln befolgt, ist mit von der Partie. Wer sich außerdem treu bleibt, also glaubwürdig spielt, wird wahr- und ernstgenommen. Spielen Sie mit. Entdecken Sie Ihre Stärken. Jetzt!

DIE KNIGGE-SPIELER: INDIVIDUELL UND STILSICHER

Jeder spielt in verschiedenen Situationen des Lebens bestimmte Rollen: mal die Chefin, mal die Mutter, mal Kunde, Kollegin, Nachbar – Hauptsache, er spielt seine Rolle gut. Und er spielt sie so, dass er als Individuum zu erkennen ist: als Prototyp, nicht als Stereotyp. Es gibt zwar keine genetische Veranlagung für einen bestimmten Verhaltensstil, aber es gibt Vorlieben und individuelle Erfolgsstrategien. Hier haben Sie die Gelegenheit zu sehen, welcher Stil am besten zu Ihnen passt. Selbsterkenntnis ist gefragt, aber nicht als »erster Schritt zur Besserung«. Sonst käme ja die Forderung, Sie müssten sich eine neue Rolle suchen, durch die Hintertür. Auch ethische Maximen à la »Erkenne dich selbst« oder »Werde, der du bist« sind hier kein Thema. Was tun Sie gern? Was können Sie gut? Darum geht es hier. Dazu sehen Sie im Anschluss einen Fragebogen. Mit ihm finden Sie heraus, welche Asse Sie für das Spiel des Miteinanders im Ärmel haben. Keine Sorge: Es ist kein Test! Es kommt nicht darauf an, »korrekte« Aussagen zu machen. Bleiben Sie deshalb ganz entspannt … und ehrlich zu sich selbst.

WELCHER KNIGGE-TYP SIND SIE?
SEHEN SIE SELBST

Stellen Sie sich Situationen vor, in denen Sie gut ankommen wollen:
Der Chef besucht Sie zu Hause; Sie haben einen Theaterbesuch für den Kultur-
kreis organisiert; Sie laden einen Kunden zum Essen ein oder so ...

Kreuzen Sie bitte die Gedanken an, die Ihren Überzeugungen entsprechen.

1. Es passt zu meinem Charakter, dass ich mich anstrenge: Alles, was ich mache, mache ich gut.

2. Ich muss dafür sorgen, dass alles korrekt vonstatten geht.

3. Bisher habe ich so was erfolgreich gemeistert. Natürlich funktioniert das diesmal auch.

4. Einer Dame ist stets mit Höflichkeit zu begegnen.

5. Das kannte ich noch nicht. Wird doch Zeit, dass ich es ausprobiere.

6. Es geht hier nicht darum, sich korrekt zu benehmen; wir wollen doch Spaß miteinander haben.

7. »Eile mit Weile.« – Der Volksmund hat doch meist Recht.

8. Ach komm, nimm es mit Humor.

9. Immer Contenance bewahren. Was auch geschieht.

10. Das lachen wir doch miteinander weg.

11. Wenn ich hier nicht weiterkomme wie gewohnt – egal, dann probiere ich es halt anders.

12. Wenn ich den Anfang gut hinbekomme, wird der Rest auch so laufen.

13. Wie sagt die Werbung? »Geht nicht, gibt's nicht.«

14. Immer schön gerade halten. Denn an der äußeren Haltung lässt sich die innere Haltung ablesen.

15. Optimal werde ich es nicht hinbekommen. Aber es möglichst gut zu machen, das versuche ich auf jeden Fall.

16. Mir ist ein gutes Gespräch mit einem freundlichen Menschen allemal wichtiger als leichte oder sogar seichte Konversation.

17. Ich kann nicht warten, bis sich jemand anderes darum kümmert, dass etwas funktioniert.

18. Jede Geste zählt – vorausgesetzt, die anderen haben einen Blick dafür.

19. Ein bisschen Spaß muss sein!

20. Ich habe viel Zeit in eine detaillierte Vorbereitung investiert. Den Herrschaften sollte das so genehm sein.

21. Es heißt: »Vertrauen ist gut, Kontrolle ist besser.« Das finde ich auch.

22. Ich halte es eher mit: »Kontrolle ist gut, Vertrauen ist besser.«

23. Es muss alles seine Ordnung haben.

24. Ich habe alles bestens vorbereitet und bemühe mich wie immer, es noch besser zu machen als bisher.

25. Ich bin am liebsten mit vielen unterschiedlichen Menschentypen zusammen. Da ist Stimmung garantiert.

26. Welches Problem auch immer auftauchen wird – ich werde die Sache mit Anstand meistern.

27. Ich schaue jetzt nicht zurück, ich schaue nach vorn.

28. Hoffentlich läuft alles nach Plan.

29. Was heißt hier »Problem«?

30. Glücklicherweise kann ich auf meine Erfahrung bauen.

31. Wozu im Vorfeld an Hindernisse denken? Vielleicht treten gar keine auf.

32. Gute Ratschläge? Nein danke!

33. Es läuft doch immer auf dasselbe hinaus: Gegenseitige Wertschätzung löst jedes Dilemma.

34. Heute schon gelacht? Nein? Dann wird es aber Zeit!

35. Wie gut, dass ich mir mein Kinderherz behalten habe.

36. Es ist wichtig, voll und ganz hinter seiner Meinung zu stehen.

37. Ich finde es herrlich, aktiv zu einer heiteren Stimmung beizutragen.

38. Nicht grübeln – entscheiden!

39. Es ist mir ein Anliegen, Menschen zu ihrem Glück zu verhelfen.

40. Ich nehme mich gern zurück, um anderen Raum zu geben.

Ihr Knigge-Profil: Was sagt Ihr Fragebogen?

Uff, geschafft. Sie haben hoffentlich weder alle Aussagen von sich gewiesen – noch alle angekreuzt. Bitte übertragen Sie nun Ihre Kreuzchen in die Tabelle neben die jeweiligen Nummern. Zählen Sie dann die Treffer (0 bis 10) pro Spalte zusammen. Die Spalten mit den Kürzeln D, L, N und T entsprechen bestimmten Tendenzen Ihres Verhaltens. Eine hohe Trefferquote in einer Kategorie weist darauf hin, welche Trümpfe Sie im Spiel der Umgangsformen regelmäßig spielen. Die Bedeutung der Zuordnungen erfahren Sie, sobald Sie die Punktezahl in jeder Spalte ausgerechnet haben.

D	L	N	T
3 ☐	6 ☐	1 ☐	2 ☐
5 ☐ ✗	8 ☐ ✗	15 ☐	4 ☐ ✗
11 ☐	10 ☐	16 ☐	7 ☐ ✗
12 ☐	19 ☐ ✗	22 ☐	9 ☐
13 ☐	23 ☐ ✗	24 ☐	14 ☐ ✗
17 ☐	25 ☐	26 ☐	18 ☐
27 ☐ ✗	29 ☐	33 ☐ ✗	20 ☐
31 ☐	34 ☐ ✗	36 ☐	21 ☐
32 ☐	35 ☐	39 ☐	28 ☐
38 ☐	37 ☐	40 ☐	30 ☐
Punkte: 2	Punkte: 4	Punkte: 1	Punkte: 3

In diesem Profil zeichnen sich Ihre Tendenzen und Stärken in Grundzügen ab. Finden Sie mehrere Schwerpunkte, setzt sich Ihr Profil aus verschiedenen Stilen zusammen. Sehen Sie dies als die Basis, auf der Sie aufbauen sollten. Sie brauchen sich damit keineswegs abzufinden; Sie haben weitaus mehr Möglichkeiten, als Sie derzeit ausschöpfen. Lernen Sie sich selbst besser kennen. Und dann: Machen Sie noch mehr aus Ihrem Typ!

Vier Asse: das Knigge-Kartenspiel

»Jeder Jeck is anders.« Damit haben die Rheinländer sicher recht. Trotzdem gibt es bei aller Einzigartigkeit des Einzelnen Verhaltensweisen, die man bei bestimmten Gruppen von Menschen verstärkt antrifft. Lernen Sie deshalb hier das Quartett der Knigge-Stile kennen: Im Umgang mit anderen stehen Ihnen grundsätzlich vier Spielarten offen. Für diese Haupttendenzen stehen die Buchstaben: **D für Dynamisch, L für Locker, N für Natürlich,** und **T für Traditionell.** Vielleicht entspricht Ihnen eine Spielart besonders, vielleicht kombinieren Sie zwei; vielleicht wählen Sie unter Stress eine andere, als wenn alles nach Plan läuft.

Generell kann man Verhaltensstile, die eher auf Beziehungen ausgerichtet sind (Spielarten Locker und Natürlich), von denen unterscheiden, die sich mehr an Aufgaben orientieren (Dynamisch und Traditionell). Darüber hinaus richten sich manche Menschen lieber langfristig nach einem Wertesystem (Natürlich und Traditionell), andere kurzfristig nach aktuellen Gegebenheiten (Dynamisch und Locker). Einen grundsätzlich besseren Stil oder das ideale Spiel gibt es nicht.

Was bedeutet es, wenn Sie eine bestimmte Karte bevorzugt spielen? Das steht in diesem Kapitel. Im Verlauf des Buches lesen Sie, wie Sie auf andere wirken, und wo die Grenzen der einzelnen Stärken liegen. Sie erfahren,

- auf welchem Grundgedanken ein Knigge-Standard beruht,
- wie Sie Ihrem Stil entsprechend handeln,
- wie Sie Ihre Stärken verfeinern, bewusst einsetzen und dadurch Ihre Wirkung verbessern können.

Sie werden dann auch besser verstehen, warum Sie mit manchen Menschen leichter zurechtkommen als mit anderen: Spielt jemand seine Karten so wie Sie, kommen Sie auf Anhieb gut mit ihm aus. Tut er es nicht, entsteht Unverständnis oder gar Konfliktpotenzial.

Sie beugen Irritationen am leichtesten vor, wenn Sie Ihr Verhalten kommentieren. »Ich gehe jetzt mal vor.« Oder: »Ich begrüße die Dame zuerst.« »Bei dieser Hitze ziehen wir doch die Jacketts aus, oder?« So wissen die anderen, dass Sie wissen, was Sie tun und warum. Kommunikation ist ein Ass, das immer sticht.

D wie DYNAMISCH, zielstrebig, effektiv

Bei Ihnen geht alles zack-zack, Sie denken, handeln und sprechen schnell. Da bleibt für Formalitäten kaum Zeit. Das Gefühl, dass jemand oder etwas Sie in Ihrer Freiheit einengt, halten Sie schlecht aus. Etikette ist für Sie Mittel zum Zweck. Bringt eine höfliche Geste eine Sache voran – okay. Wenn nicht, machen Sie kurzen Prozess und regeln selbst, wo es langgeht. Sie verzichten am liebsten auf Zeremonielles; das dauert Ihnen alles zu lange. Herr hin, Dame her – wenn Sie durch eine Tür gehen wollen, tun Sie es. Wenn nicht, dann nicht. Und die Schlussformel Ihrer E-Mails bestimmen Sie selbst.

Einen (Business-)Dresscode beachten Sie nicht etwa, um Regeln zu befolgen, sondern weil Sie keine Zeit damit verschwenden, jeden Morgen über Ihr Outfit nachzudenken. Konservativ-elegant, das geht doch immer. Äußerlichkeiten und Banalitäten? Nix da, *time is money*. Was macht es für einen Unterschied, ob der Mann oder die Frau die Treppe zuerst raufgeht? Und warum sollen Sie sich, wenn alle anderen Wein trinken, kein Bier bestellen? Das konnte Ihnen noch nie jemand schlüssig erklären.

Sie sehen Ihre Stärken auf anderen Gebieten: Sie sind kompetent und erfolgreich; Ihr Status ist in der Regel unangefochten. Man schätzt an Ihnen, dass Sie Herausforderungen annehmen, dass Sie im Zweifel das Heft in die Hand nehmen und selbst ein persönliches Risiko nicht scheuen. »Darf ich den neuen Nachbarn, der zufällig Vorstand eines DAX-Unternehmens ist, über den Gartenzaun ansprechen?« Solche Skrupel finden Sie überflüssig:

Wo Sie sind, da spielt die Musik. Und Sie wollen von anderen keine Zweifel hören. Heraus mit der Sprache, und gut ist es. Am wenigsten kommen Sie mit Jammerei und Schuldzuweisungen zurecht. Soll sich doch jeder an seine eigene Nase fassen. Und selbst dafür sorgen, dass er aus einer Klemme oder einem Fettnapf wieder herauskommt. Andererseits können Sie sehr wohl hilfsbereit sein, doch Sie leisten Hilfe aus Prinzip als Mittel zur Selbsthilfe.

»Würden Sie freundlicherweise …?« »Dürfte ich vielleicht …?« Wer um den heißen Brei herumredet, bringt Sie auf die Palme. Sie reden Klartext: »Wat mutt, dat mutt.« Und die Fragen stellen Sie selbst. Gegen Kontroversen haben Sie nichts – ganz im Gegenteil: Die bringen ein Thema doch erst richtig voran. Lange Smalltalk-Sessions gehen Ihnen auf die Nerven. Was heißt hier Atmosphäre? Sie wollen Begeisterung erzeugen. Und das können Sie.

So leicht es Ihnen fällt, ganze Gruppen für Ihr Thema einzunehmen – manchmal sind die Leute von Ihrer Dynamik überfordert. Nicht jeder weiß so schnell wie Sie, was er will. Lassen Sie den anderen ein wenig Zeit, um sich zu entscheiden. Sie laufen sonst Gefahr, arrogant zu wirken. Und das wird nicht Ihr Ziel sein.

L wie LOCKER, lustig, liebenswert

Etikette-Regeln? Da winken Sie doch ab! Wer hält wem die Tür auf? Egal! Sagt man nun »Guten Appetit« oder nicht? Geschenkt! Dresscode beachten? Codes sind dazu da, geknackt zu werden. Sie kleiden sich unkonventionell. Sie haben die Erfahrung gemacht, dass Sie mit Ihrer selbstverständlichen, heiteren Lockerheit überall durchkommen. Stets einen flotten Spruch auf den Lippen zu haben, das kommt an! Sie sind ein Netzwerker der Extraklasse. Ihre natürliche Offenheit, Ihre Flexibilität, Ihre Fähigkeit, Menschen zusammenzubringen – all das lockert die Atmosphäre und öffnet die Herzen. Sie sind beliebt. Und Sie genießen das.

Ein gutes Blatt: das Knigge-Kartenspiel

Gut, vermutlich werden Sie nicht als Prototyp der feinen Gesellschaft gehandelt, doch das ist sowieso nicht Ihr Ziel. Wo Macht und Status, vollendete Manieren und konservative Werte zählen, da trifft man Sie nur an, wenn es gar nicht anders geht. In solchen Kreisen bewegen Sie sich höchstens, um einem Freund einen Gefallen zu tun oder wenn Ihre Chefin Sie schickt: »*Yes, Ma'am.*«

Die ist klug genug, das absichtlich zu tun, sie weiß schließlich um Ihre integrativen Fähigkeiten. Sie knüpfen leicht Kontakte und bringen Menschen zusammen: »Dem musst du unbedingt mal die Hand schütteln!« Die richtigen Leute kennen Sie ja. Bei Empfängen surfen Sie von Gruppe zu Gruppe und von Thema zu Thema. Dem Unternehmen kann das nur nützen. Warum nicht? Ist doch nett. Sie denken: Kriegsentscheidend ist die Etikette nun wirklich nicht, man muss Korrektheit nicht überbewerten:

- Die Leute, mit denen Sie so zusammen sind, nehmen das alles auch nicht so genau.
- Sie haben die Erfahrung gemacht: Irgendwie kommen Sie aus jedem Fettnapf wieder heraus.
- Einen verbalen Ausrutscher machen Sie durch Ihr strahlendes Lächeln locker wieder wett.

Wo Menschen sind, möglichst viele, möglichst unterschiedliche, da bewegen Sie sich wie ein Fisch im Wasser: geschickt, geschmeidig, flink. In einer Gruppe aufzugehen macht Sie glücklich. Da soll Ihnen keiner mit Förmlichkeiten kommen. Die engen nur ein.

Neben Ritualen und kalkulierten Schachzügen der Kommunikation gibt es noch ein Drittes, das Sie nicht leiden können, und das ist schlechte Stimmung. Sie haben keine schlechte Laune, Sie mögen keine schlechte Laune, und Sie fürchten Streit wie der Teufel das Weihwasser. Deshalb geben Sie lieber mal klein bei, als eine Missstimmung zu riskieren: »Okay, du hast ja Recht.«

Ihre Spontaneität und Kompromissbereitschaft in allen Ehren. Wenn Sie aber übertreiben und sich über jede Konvention hinwegsetzen, finden manche das nicht nonchalant, sondern nervig. Dann riskieren Sie, dass man Sie nicht für voll nimmt. Aber als Scherzkeks wollen Sie nun nicht gerade gelten, oder?

N wie NATÜRLICH, pragmatisch, anständig

Etiketteregeln brauchen Sie nicht; Sie entscheiden nach praktischen und moralischen Gesichtspunkten, was Sie tun oder lassen. Die Epoche, als der Herr die Dame auf einen Sockel zu heben hatte, ist längst vorbei, und das ist gut so. Sie wissen, dass die heutige Etikette die Gleichstellung von Frau und Mann berücksichtigt. Partnerschaftliches Miteinander liegt Ihnen zwar am Herzen, doch wenn Sie Ihre Wertschätzung zeigen wollen, sind Ihnen steife Rituale bei weitem zu formell und unpersönlich. Sie finden, dass so etwas schnell in »Förmelei« ausartet. Soll etwa ein Mann einer Frau aus dem Mantel helfen, die einen Kopf größer und 40 Jahre jünger ist als er? Auch über die Frage, wie eine promovierte Gräfin anzusprechen ist, lachen Sie nur. Da geht es nicht um Manieren, das ist nur maniriert. Sie halten das für die Pflege einer Fassade als leerer Hülle. Ihre Großmutter hätte dazu gesagt: »Außen hui, innen pfui.« Sie putzen sich nicht einmal für ein Fest heraus. Smoking? Abendkleid? Nein, danke. Sie verkleiden sich nicht.

»Etikette« kommt von »Etikett«, und schon das macht Ihnen die Sache suspekt. Vielleicht wussten Sie bereits, dass am französischen Königshof der Rang der Besucher auf Notizzetteln (»Etiketten«) festgehalten wurde –, damit sichtbar war, wer sich vor wem zu verbeugen hatte und wer dies von wem erwarten durfte. Unterwerfungsgesten? Ja, wo leben wir denn! Kleidung, Frisur, Schmuck, Körpersprache, Hochsprache: Sie lehnen es ab, dass diese Attribute auch heute noch als Marker einer sozialen Zugehörigkeit – als Etikettierung – dienen. Sie verabscheuen es, dass aufgrund dieser »Labels« Menschen der Zugang zu einer Gruppe verwehrt oder dass das berufliche Fortkommen wegen solcher »Äußerlichkeiten« behindert wird.

Das ist das Gegenteil dessen, was Sie als natürlich und anständig empfinden. Anstand ist für Sie eine moralische Verpflichtung, die auf wahren Werten basiert: Echtheit, Natürlichkeit, Humanität, Einfühlungsvermögen, tätige Hilfe. Zu Ihren Erfolgsgeheimnissen zählt die Fähigkeit, den Standpunkt der anderen zu verstehen und die Dinge mit deren Augen zu sehen. Achtsam durch die Welt gehen, Menschen die Hand reichen, das ist Ihr Streben. Und so wollen Sie gesehen, geschätzt und verstanden werden. Sie wollen an Ihrer authentischen Natur und Ihren guten Taten gemessen werden. Schamgefühle entwickeln Sie nicht, wenn Sie mit Rolli, Cordhose und Sportschuhen zwischen gestylten Schlipsträgern sitzen, sondern wenn Sie einen Menschen verletzt haben.

Wenn Sie zu sehr auf Ethik und Moral pochen, kann das in gemütlich-lockerer Runde oder im Business befremdlich wirken. Überfordern Sie Ihre Mitmenschen nicht mit Ihrer Ehrlichkeit und Natürlichkeit. Nicht jeder ist so moralisch und empathisch wie Sie, nicht jeder möchte sich an Ihren Busen drücken lassen.

T wie **TRADITIONELL** nach alter Schule

Sie haben nichts gegen Regeln – wenn deren Gültigkeit erprobt ist. Für neuere Konventionen der Etikette gilt das Ihrer Meinung nach noch lange nicht. Die Gleichberechtigung der Geschlechter betrachten Sie unter juristischen Gesichtspunkten als selbstverständlich. Doch warum sollte sich das Allgemeine Gleichbehandlungsgesetz (AGG) in den kleinen Ritualen des Umgangs niederschlagen, die seit Jahrhunderten als Erfolgsmodell gelten? Das Zusammenspiel von Dame und Herr in der Tradition der Ritterlichkeit soll ein alter Zopf sein? Mit Verlaub! Der Sockel ist für eine Dame doch ein hervorragender Platz.

Als Herr halten Sie die ritterlichen Tugenden hoch: Niemand wird Sie daran hindern, einer Dame Ihre Aufwartung zu machen. Und als Dame haben Sie klare Ansprüche an einen Herrn. Möge er Ihnen bitteschön die Reverenz erweisen und Ihre Erwartungen erfüllen: vorausschauend führen, nicht nur beim Tanz, und immer den gebührenden Abstand halten. Sie haben Vorbilder in der Geschichte, die die Bezeichnungen *Lady* und *Gentleman* verdienen.

Sie achten das Alter, Sie respektieren Hierarchien. Haltung zu bewahren ist das A und O. Sie lieben es, sich korrekt und vernünftig zu verhalten; Gefühlsausbrüche – eigene wie die anderer Leute – sind Ihnen ein Gräuel. Unflätige Ausdrücke, eine saloppe Sprechweise, unbedachte Gesten, Verstöße gegen die Kleiderordnung, Regelbrüche jeder Art sind in Ihren Augen nicht Zeichen einer persönlichen Note, sondern schlechten Benehmens. Ein Graus.

Risiken vermeiden und beseitigen, das ist Ihnen wichtig; daher schätzen Sie Sitten und Gebräuche als ein festes und damit sicheres Gewebe. Das ist der Stoff, der die – gehobene – Gesellschaft zusammenhält. Sie wissen im Gegensatz zu den Vertretern des Etikette-*Mainstreams* die Vorzüge von Ritualen zu schätzen. Sie entsprechen dem Ideal der *honnêtes gens,* dem unter dem Sonnenkönig

Ludwig XIV. entwickelten Leitbild der gesellschaftlichen Elite. Deren Kennzeichen sind bis heute eine umfassende, nicht zu spezialisierte Allgemeinbildung, Weltgewandtheit, Affinität zu den Künsten, die Fähigkeit, sich geistreich zu unterhalten, eine geschliffene Sprache und, natürlich, perfekte Manieren. Als Fassadenpflege betrachten Sie die tradierten Umgangsformen nicht, Schaumschlägerei wäre mitnichten Ihr Ding. Für Sie ist die Körperhaltung Zeichen einer inneren Haltung. Da tritt Ihr Werteverständnis an die Oberfläche, und das ist *comme il faut,* wie es sich gehört.

Das hohe Maß an Respekt, das Sie zeigen, werden Geistesverwandte honorieren. Wundern Sie sich aber nicht, wenn die Distanz, die Sie für respektvoll halten, bei anderen als Kühle ankommt. Sie wollen doch nicht das Risiko eingehen, dass man Sie auf dem hohen Ross sieht oder für altmodisch hält?

Das Knigge-Spiel in der Praxis: Daran erkennen Sie die vier Stile

Sie haben jetzt einen Blick auf die Motive geworfen, die Ihr eigenes Handeln und Ihre Fähigkeiten steuern. Woran erkennen andere, welchen Knigge-Stil Sie bevorzugen? Und woran erkennen Sie, welche Karte Ihr Gegenüber gerade ausspielt?

Am liebsten auf der Zielgeraden: der Dynamische

Wer ein Ziel vor Augen hat, hat sich und sein Erscheinungsbild im Griff. Er steuert geradewegs und zügig auf Menschen zu, die er kennt oder auch nicht, auf eigenem wie fremdem Terrain, in überschaubaren oder großen Gruppierungen.

Ein kurzer, kräftiger Handschlag, fester Blickkontakt, zielgerichtete Gesten und schnelle Schritte zeichnen den Zielstrebigen aus: »Mein Name ist Beck. Und wer sind Sie?« Die Distanz zu seinen

Gesprächspartnern bestimmt er selbst, er weist die Plätze zu:
»Sie bitte dort.« Was er sagt, hat Hand und Fuß. Darum kann er
sich über eine mangelnde Zuhörerschaft nie beklagen. Er spricht
deutlich, präzise und pointiert und erwartet dasselbe vom Gegenüber: »Was wollen Sie genau?« Prägnante Formulierungen sowie
Zuspitzungen bis hin zu kalkulierten Provokationen sind sein
Markenzeichen: Mal sehen, wie der andere reagiert. »Wer, wie, was?«
Wer weiß, was er wissen will, stellt präzise Informationsfragen
und scheut sich nicht, das Handeln anderer zu hinterfragen:
»Warum empfehlen Sie zum Seeteufel den Chardonnay und nicht
den Sauvignon Blanc?«

Tanz ja, Distanz nein danke: der liebenswerte Lockere

Stets entspannt und dabei ständig in Bewegung, geht der Lockere
ohne Scheu auch auf unbekannte Gruppen zu, stellt sich vor,
klinkt sich in Gespräche ein und ist schnell beim Du. Frisch,
frank, fröhlich und frei reicht er ohne Rücksicht auf Ansehen
oder Rang die Hand: »Wir kennen uns noch gar nicht, dagegen
sollten wir was tun.« Bussibussi bei der Begrüßung gehört
einfach dazu. Er umarmt am liebsten jeden, der ihm über den
Weg läuft: »Mensch, klasse, dass wir uns hier sehen! Ist die Elke
auch da?« Er erzählt mit Herzblut Anekdoten von sich und seinen
vielen Bekannten (Mimi, Strizzi und wie sie alle heißen). Da er
Menschen für sich einnehmen möchte, macht er häufig Kompli-
mente: »Genial, die Brille, die Sie da tragen. Bestimmt italienisch,
oder?« Und er freut sich, welche zu hören: »Todschick, dein Tuch.«
Da strahlt er übers ganze Gesicht; er kleidet sich schließlich gezielt
individuell. Coole Sprüche, knackige Sätze, witzige Wortspiele
kommen ihm leicht über die Lippen. Die Gefahr, dabei jemandem
auf den Schlips zu treten, federt er durch Charme ab. Wo Sie herz-
haftes Gelächter hören, ist ein lockerer Typ meist nicht weit.

Nicht hart, sondern herzlich: der Natürliche

Kann er eine Situation nicht einschätzen, hält sich der Natürliche lieber zurück: naturgemäß. Er spricht und bewegt sich wenig. Bei genauerem Hinsehen erkennt man aber seine zugewandte Haltung: Er schüttelt die Hand kräftig und drückt einen guten Freund fest an sich. Bussibussi, weil »man« sich von einer Party kennt, das kommt nicht in Frage. Er schätzt ein Zwiegespräch eher als die große Tischrunde und hört gut zu. Dabei nickt er aufmunternd und verständnisvoll; seine offene Mimik spiegelt sein Interesse am Gegenüber: »Wie geht es denn den Kindern? Alle gesund? Auch der Hund?« Seine Stimme klingt weich, seine Wortwahl ist konstruktiv, selbst bei Kritik im Lokal: »Die Vorspeise war hervorragend, der Hauptgang würde mir vielleicht würziger abgeschmeckt noch besser gefallen.« Nur nicht weh tun! Auf Eleganz legt er wenig Wert. Er kleidet sich bequem und praktisch: Ein Pullover gegen die Kälte, feste Schuhe für einen sicheren Stand, ein Rucksack für den Laptop, das tut's allemal. Für einen Vater mit Kleinkind auf dem Arm steht eine Vertreterin dieses Stils im Bus natürlich auf: »Bitte.« Bleibt aber der Dank aus, ist ein Schmollmund zu erwarten.

Höflich wie bei Hofe: der Traditionelle »alter Schule«

Wer den traditionellen Stil bevorzugt, wahrt die Distanz und verzichtet auf große, ausladende Gesten. Als Herr verabreicht er einer Dame zur Begrüßung einen Handkuss, gegenüber Höhergestellten ist eine leichte Verbeugung selbstverständlich, im voll besetzten Zug bietet er Damen seinen Platz an. Die Mimik ist verhalten, man gibt sich bedeckt. Der Traditionelle bevorzugt kleine Gruppen, er spricht wenig und leise – bis sein Lieblingsthema aufkommt. Ihm vertraute Sachverhalte werden detailliert dargestellt: »Dazu sollte man Folgendes in Betracht ziehen …« Die Kleidung ist gepflegt und konservativ und entspricht den tradierten Rollenmustern: Der

Herr trägt stets Jackett, die Dame eher ein elegantes Kleid als einen burschikosen Hosenanzug. Die Sprache ist gewandt und korrekt. Sie enthält viele Passivsätze und substantivierte Verben und klingt z. B. so: »Es ist im Allgemeinen als passend anzusehen, wenn der Empfehlung Folge geleistet wird.« Über die Gefühlslage kein Wort.

DIE KNIGGE-STILE: **KLEINE SEHSCHULE**

Sie kennen jetzt die vier Grundtypen. Aber erkennen Sie sie in freier Wildbahn? Trainieren geht über Studieren, auch beim Sehen und Hören. Beginnen Sie Ihre Beobachtungs-Übungen aber bitte nicht mit Ihrem Lebenspartner. Der würde sonst bald misstrauisch fragen: »Hörst du mir überhaupt zu?« Je weniger Sie emotional beteiligt sind, desto besser. Achten Sie im Taxi weniger auf die Fahr- als auf die Verhaltensweise des Chauffeurs. Schauen Sie im Zug den Reisenden bei ihren Interaktionen zu. Verfolgen Sie das Verhalten einer Kundin an der Kaufhauskasse oder das eines Gasts bei einem Fest.

- ◑ Betrachten Sie die Körpersprache: Wie konzentriert oder entspannt ist die Mimik? Wie offen oder gezielt sind die Gesten, wie schnell oder bedacht wird agiert? Wie viel Nähe lässt jemand zu, wie viel Distanz hält er zu anderen?
- ◑ Nehmen Sie die Wörter und den Satzbau eines Sprechers wahr. Sagt er eher: »Guten Tag« oder »Hallöchen«? Eher »Sie dürfen dort Platz nehmen«, oder »Setzen Sie sich nur«? »Auf Wiedersehen« oder »Tschüssi«? Sind die gewählten Begriffe eher weich und vorsichtig oder kernig und präzise?
- ◑ Hören Sie Zwischentöne heraus: Wie schnell oder bedächtig spricht da jemand, wie lautstark oder verhalten? Sind die Fragen in Bitten gekleidet »Dürfte ich kurz anfragen ...?«, oder direkt formuliert: »Wozu das Ganze?«

Seien Sie erst einmal vorsichtig in Ihrer Einschätzung. Denn jeder kann seinen Stil wechseln, z. B. wenn er unter Stress gerät. Das tun Sie selbst vermutlich auch. Vorsicht mit vorschnellen Urteilen. Beobachten Sie Verhalten immer in seinem Verlauf. Und betrachten Sie Ihr Ergebnis stets als Hypothese, die Sie bei genauem Hinsehen bestätigen können oder verwerfen müssen.

Gut ankommen –
immer
und überall

»Irgendjemand sieht dich immer.« Haben auch Sie noch diese Warnung im Ohr? Mütter, Großmütter, Patentanten dachten dabei an Sünden wie Rauchen auf dem Schulweg, Nacktbaden am Baggersee, Händchenhalten mit dem »Falschen« … Der Hinweis auf die allgegenwärtige soziale Kontrolle sollte uns vor Schaden aufgrund von Fehlverhalten bewahren. Ob das pädagogisch sinnvoll war? Das sei dahingestellt.

Richtig aber ist, auch heute noch: Wir werden ständig wahrgenommen, gerade als Erwachsene, und zwar von all den Leuten, die heute für uns wichtig sind und die uns am Herzen liegen. Man übersieht uns (hoffentlich!) nicht. Wir werden beurteilt, gemocht, geschätzt oder respektiert – mehr oder weniger. Grund genug, sich über unsere Wirkung Gedanken zu machen. Nicht nur wenn wir im Dienst, sondern gerade wenn wir ganz wir selbst sind: bei der Begegnung mit Freunden, Bekannten, Nachbarn, allein auf der Straße, in Bus und Bahn.

DER GRUSS UND SONSTIGE ANNÄHERUNGEN

Sympathisch oder unsympathisch? Interessant oder uninteressant? Gut gelaunt, schlecht gelaunt? Einen ersten Eindruck von einer anderen Person haben wir sehr schnell. Die Wahrnehmungspsychologie weiß, dass wir unser erstes Urteil über einen anderen Menschen spontan fällen. Sind es sieben, drei oder zwei Sekunden? Je jünger die Veröffentlichung zu diesem Thema, desto kürzer die Zeitspanne, die für die Dauer der ersten Urteilsbildung angesetzt wird. Derzeit ist von 200 Millisekunden (1/5 Sekunde!) die Rede. Danach untersuchen wir für die im Vergleich »ewig lange« Dauer eines Atemzugs – nämlich zwei bis drei Sekunden –, ob sich der erste Eindruck bestätigt. Diese beiden ersten Einschätzungen prägen die weitere Beziehung nachhaltig. Wobei kein Wissenschaftler behauptet, dass sie zutreffend sein müssten. Das wissen wir aus Erfahrung selbst. Dennoch prüfen wir sogar bei jedem Treffen mit einer bekannten Person, wie sie denn heute »drauf ist«. Sie tun das, ich, wir alle. Unwillkürlich.

Hallo, servus, guten Tag …

Wollen Sie Ihren Eindruck auf Anhieb positiv gestalten? Dann achten Sie auf Ihre Art zu grüßen und zu begrüßen. Zeigen Sie Ihrem Gegenüber: Ich nehme dich wahr, ich biete Kontakt an.

Mehr als ein Erkennungszeichen: der Tagesgruß

Wer grüßt wen? In fest definierten Systemen machen klare Regeln die Sache leicht; so gilt unter Soldaten eine generelle Grußpflicht und in Unternehmen hoffentlich ebenfalls (▸ Seite 56, ab 73). Genauso eindeutig gilt nach heutiger Etikette-Norm: Wer den anderen zuerst sieht, grüßt zuerst.

Das bedeutet konkret: Unter Verwandten, Freunden, Bekannten, Nachbarn, Kollegen grüßt jeder jeden, von verfeindeter Verwandtschaft mal abgesehen. Bei anonymen Begegnungen wird selten gegrüßt. Oder steigen Sie mit einem kräftigen »Morgen allerseits!« in die Berliner S-Bahn ein? Sicher nicht, es sei denn, Sie wollen schräg angeguckt werden. In überschaubaren anonymen Situationen ist der Tagesgruß in den Raum hingegen angebracht, z. B. wenn Sie ein Geschäft, ein Restaurant, eine Arztpraxis, einen Aufzug oder ein Zugabteil betreten. Mit direktem Blickkontakt grüßen Sie Ihre – auch fremden – Dienstleister wie Taxifahrer, Briefträger und Kassierer. Außerdem grüßen sich Sitznachbarn in Konzert oder Theater, am Tisch, im Bus oder Zug.

Kurze Worte, kleine Gesten: So grüßen die Knigge-Spieler

Soweit die generellen Empfehlungen à la Knigge. Und so setzen Sie beim Grüßen und Begrüßen vom ersten Augenblick an Ihre individuelle Duftmarke:

Geben Sie sich am liebsten locker und sind ohnehin stets auf Kontaktsuche? Dann haben Sie die Knigge-Empfehlungen längst verinnerlicht. Sie zögern nicht einmal, dem Oberbürgermeister auf der Straße ein flapsiges »Hallöchen« zuzurufen. Wobei ein herzliches »Hallo« ausgereicht hätte. Da Sie generell auf Harmonie bedacht sind, verzichten Sie besser darauf, einem Bekannten zuzuwinken, den Sie in eindeutig zweideutiger Konstellation überraschen: angetrunken oder mit einer fremden Frau im Arm … oder beides. Da zahlt sich eher Diskretion aus.

Haben Sie sich Natürlichkeit und Anstand auf Ihre Fahnen geschrieben? Auch dann ist Ihnen jeglicher Dünkel fremd, und Sie grüßen jeden. Wie schön. Sagen Sie weiterhin »Hallo« oder – z.B. zu Unbekannten – ein neutrales »Guten Tag« oder ein regional markiertes »Grüß Gott« oder »Moin«. Unterstreichen Sie Ihre zugewandte Art: Nennen Sie die Personen beim Namen.

Zu einer dynamischen, zielorientierten Person passt ein kerniges »Hi« oder »Tach«. Halten Sie aber die Augen offen. Nicht dass Sie in der Eile Ihre Nachbarin übersehen. Gönnen Sie ihr wenigstens ein kurzes Kopfnicken und heben Sie die Hand.

Als Herr von traditioneller Eleganz grüßen Sie, ganz alte Schule, von sich aus Damen jeden Alters und ältere Herren; Sie erwarten aber, dass jüngere Männer und Kinder Ihnen gegenüber den ersten Schritt tun. Als traditionell orientierte Dame grüßen Sie von sich aus nur ältere Damen. Sie erwarten den Gruß von Kindern, Herren und jüngeren Damen. Da nicht jeder Ihr Weltbild teilt: Geben Sie diesem Personenkreis mit einem aufmunternden Lächeln die Gelegenheit, zu tun, was Sie als dessen Pflicht erachten.

Der nächste Schritt: der Handschlag

Wer reicht wem die Hand zuerst? Die Regel basiert auf der Über-
legung: Die »wichtigere« Person entscheidet, ob eine Berührung
stattfindet. Sie lautet daher: Stets bietet die Person zuerst die Hand
an, die einen höheren Status hat als die andere. Im Privatleben gilt:

1. Eine ranghöhere Person (▶ ab S. 73) entscheidet: Handschlag
   ja oder nein. Begegnen Sie der Queen, reicht sie Ihnen die
   Hand – oder sie lässt es bleiben. In diese Situation werden Sie
   nun selten kommen. Doch selbst der Abgeordnete, der Sie im
   Landtag (hoffentlich gut) vertritt, ist nicht Ihr Leibeigener,
   sondern gilt als Repräsentant des Volkes und somit höherran-
   gig als der Normalbürger. Packen Sie also nicht einfach seine
   Hand. Und wenn Sie im Kino-Foyer Ihrer Chefin über den
   Weg laufen: Warten Sie nach dem verbalen Gruß besser ab. Der
   Rangvorteil aus dem Beruf gilt bis ins Private hinein. Einen
   Vorrang von Akademikern oder Adligen gibt es hingegen nicht.

2. Gastgeber – weibliche wie männliche – reichen ihren Gästen,
   weiblichen wie männlichen, die Hand und heißen sie so auf
   ihrem Terrain willkommen. Von diesem Recht können auch
   Wirte, Ärzte und Autohausbesitzer Gebrauch machen, jedoch
   jeder nur auf seinem Hoheitsgebiet.

3. Das Prinzip Heimvorteil ist übertragbar: Wer als Gast auf
   andere Gäste zugeht, grüßt. Die schon anwesenden Personen entscheiden dann, ob sie ihn mit oder ohne Handschlag
   aufnehmen – oder gar nicht. (Dazu später ▶ ab S. 108.)

4. Besteht kein »Platzvorteil«, entscheidet das Alter: Die ältere
   Person reicht der jüngeren die Hand – oder nicht. »Gib Onkel
   das Händchen!«, heißt nicht, dass das Kind von sich aus die
   Hand hinstrecken soll. Doch einen angebotenen Handschlag
   zu verweigern käme einer Ohrfeige gleich, dem »Onkel« gegenüber und allen anderen – im Erwachsenenleben – auch.

5. Erst wenn Rang-, Heim- und Altersunterschied fehlen, kommt das Geschlecht ins Spiel: Dann entscheidet die Dame, ob die Hand gereicht wird oder nicht.

Hand für Hand: Welche bekommt Ihre zuerst?

Die gleiche Ordnung gilt beim Begrüßen einer Gruppe von Menschen: Die wichtigste Person bekommt Ihre Hand zuerst. Von ihr aus folgen Sie der Reihe, in der die Personen stehen.

- Gibt es einen Ranghöheren in der Runde, vielleicht einen Lehrer, der seine Schulklasse begleitet? Dann ist er der Erste.
- Gibt es keine ranghöhere Person, aber eine Person, die Sie kennen und die Sie und die übrigen Personen miteinander bekannt machen könnte? Dann ist diese die Erste.
- Ist auch das nicht der Fall, doch eine Person ist wesentlich (!) älter als die übrigen? Dann ist der Senior Ihre Nummer eins: Großvater vor Enkelin.
- Nur wenn all das nicht zutrifft, reichen Sie zuerst einer Dame die Hand: *Lady first* ist das letzte Kriterium, nicht das erste.

Begrüßen Sie die wichtigste Person zuerst, gehen Sie dann der Reihe nach vor.

Begrüßungsritual nach Maß – und Knigge-Stil

Die heute gültigen Knigge-Ratschläge für das Begrüßungsritual kennen Sie nun. Und so können Sie als Begrüßender durch Nuancen in Ihrem Verhalten Zeichen setzen:

Wer ist wann dran? Als dynamische Person ergreifen Sie furchtlos die Initiative. Wem räumen Sie den ersten Platz ein? Dem strecken Sie die Hand hin. Da Sie nicht unbedingt der gängigen Regel folgen, gehen Sie am besten so zügig vor, dass niemand Ihre Entscheidung hinterfragt. Senden Sie weiter konsequent das Signal: »Lasst uns zur Sache kommen.« Vermeiden Sie aber einen harschen Ton und zackige Gesten. Sie stehen zur Begrüßung auf, denn Sie schauen doch nicht zu einer anderen Person hoch. Ihr Handschlag ist fest und kurz, Blickkontakt und eine offene Mimik sind garantiert, Lächeln ist nicht so Ihr Ding. Ob eine Umarmung stattfindet, bestimmen Sie. Da Sie zielstrebig sind, sind Sie noch mehr Sie selbst, wenn Sie für sich kurz Ihr Ziel definieren, bevor Sie loslegen: Soll wirklich Ihr persönlicher Favorit als Erster gewürdigt werden? Wenn ja, dann okay. Gönnen Sie darüber hinaus auch den anderen – wichtig sind alle – ein wenig Raum.

Wie nahe darf man sich kommen? Keine Frage für Sie, wenn Sie am liebsten die Karte lockere Liebenswürdigkeit spielen. Händeschütteln ist das Mindeste, und ein Klaps auf Unterarm oder Schulter kann auch sein. Jeder darf sehen, wie viele gute Bekannte Sie haben. Ein Küsschen lassen Sie sich nicht verwehren. Wer wann wo zuerst? Das interessiert Sie weniger. Sie beginnen spontan bei der Person, die Ihnen emotional am nächsten steht, und strahlen sie an. Bei aller Spontaneität: Wenn Sie die Begrüßung ein wenig strukturieren, kann jeder von Ihrer Herzlichkeit profitieren.

Gehen Sie am liebsten auf natürliche Weise auf Ihre Mitmenschen zu? Dann halten Sie intensiv Blickkontakt und gehen, um Augenhöhe herzustellen, vor einem Kind auf die Knie. Sie handeln psychologisch: Wer Ihre Hand zuerst möchte, der bekommt sie zuerst. Und wer das ist, sehen Sie genau: wer zuerst einen Schritt auf Sie zu macht, wessen Hände sich öffnen, wer Sie erwartungsvoll anlächelt. Ihr Handschlag ist fest und dabei weich; zwei Sekunden dauert er mindestens. Sie schauen dem, dessen Hand Sie halten, konsequent ins Gesicht: »Schön, dich zu sehen.« Ihr wertschätzendes Vorgehen dauert manchen zu lange. Sie verlieren Ihre natürliche Ausstrahlung nicht, wenn Sie die Sache ein bisschen zügiger angehen.

Ist der Traditions-Stil Ihr Favorit? Dann fehlt bei Ihnen als Herr eine Verbeugung bei keiner Begegnung. Sie begrüßen – Etikette hin oder her – alle Damen zuerst und zwar in der Reihenfolge des Alters. Sie lassen es sich nicht nehmen, den Damen einen Handkuss zu verabreichen – eine geküsst, alle geküsst –, selbstredend nur angedeutet und nicht unter freiem Himmel. Favorisieren Sie als Dame die alte Schule, geben Sie durch Ihre würdevolle Distanz einem Mann die Gelegenheit, sich wie ein Herr zu verhalten. Achtung: Nicht alle Frauen wollen sich wie Damen, nicht alle Männer wie Herren benehmen: Dosieren Sie Ihre klassische Spielart der Höflichkeit. Auch *Old School* ist nur ein Spiel.

OHNE HANDSCHLAG GEHT'S AUCH

Im Umgang mit Menschen aus anderen Kulturkreisen sind dem individuellen Vorgehen Grenzen gesetzt. Drängen Sie z. B. als Mann einer Muslimin nicht die Hand auf, weder im Ausland noch in Ihrer Nachbarschaft. Warten Sie ab, beobachten Sie, fragen Sie bei Gelegenheit nach. Erst wenn Sie die Rituale und Signale im Detail kennen, können Sie damit spielen. Bis dahin ist der Weg eventuell lang und steinig. Gehen Sie vorerst auf Nummer sicher.

Setzen Sie diese Nuancen der Begrüßung konsequent ein; nur so kommen sie als Ihre besondere Note an. Es kann für Sie selbst aber spannend sein, Elemente anderer Spielarten auszuprobieren.

»Sie« oder »du«? Eine schwere Frage

Während der Fußball-WM 2006 in Deutschland war »die Welt zu Gast bei Freunden«. Dennoch scheiterte der Versuch eines Boulevard-Blatts, das Siezen abzuschaffen und uns alle zu Duzbrüdern zu machen. Im Deutschen wird das Sie genutzt, um Beziehungen nach Nähe und Distanz, Wärme und Respekt zu differenzieren. Langfristig steht immer das Du als Option offen. Doch ein Zurück vom Du zum Sie gibt es im Normalfall nicht. Oder haben Sie schon einmal jemanden sagen gehört: »Hiermit biete ich dir das Sie an?«

Vom Sie zum Du: den Schritt gut überlegen

Der Übergang vom Sie zum Du kommt einer verbalen Annäherung gleich; daher entspricht die Regel im Großen und Ganzen der zum Begrüßen: Die »wichtigere« Person entscheidet, ob sie geduzt werden will, und bietet das Du an – oder nicht.

1. Der Ranghöhere kann dem Rangniedrigeren das Du anbieten: Das ist im Unternehmen der Vorgesetzte und z. B. im Kirchenchor der Chorleiter.
2. Trifft das Kriterium Rang nicht zu, entscheiden Zugehörigkeitsdauer oder Gewohnheitsrecht. So teilt die Clique der neuen Freundin eines Kumpels mit: »Wir sind hier per Du.«
3. Passt weder Bedingung 1 noch 2 in den Kontext, entscheidet bei einem erheblichen Altersunterschied – eine Generation darf es schon sein – die ältere Person.

In allen anderen Fällen wird das Du verhandelt. Zwischen Frau und Mann herrscht auch in Duzfragen Gleichberechtigung.

Siezen und Duzen nach Stil und Typ

Als Traditioneller respektieren Sie diese Empfehlungen, bleiben aber eher beim Sie. Viele Herren denken, sie dürften einer Dame das Du nicht anbieten. Einen Geschlechts-Vor- oder Nachteil – wie man es nimmt – gibt es aber nicht. Vielleicht springen Sie über Ihren Schatten, Madame bzw. über seinen. Und gehen vor wie der Natürliche, der so nebenbei fragt: »Was halten Sie davon, wenn wir uns duzen?« Dynamische und Lockere fackeln nicht lange und stellen fix und fröhlich fest: »Ich heiße Lilo und bin duzbar.« Oder: »Wollen wir bis zum Duzen drei Jahre warten, oder regeln wir das sofort?« Das Überraschende dabei: Selbst wenn diese Menschen »von Rechts wegen« gar nicht autorisiert sind, das Duz-Programm anzustoßen, nimmt ihnen das Vorpreschen keiner übel. Man hätte sich ja wehren können.

Das Du ablehnen – darf man das?

Ja, man darf. Wenn Sie ein Duz-Angebot nicht annehmen möchten, überlegen Sie kurz: Was ist unangenehmer, spontan eine Grenze zu ziehen oder sich langfristig über das Du zu ärgern? Schlägt das Pendel gegen das Du aus? Beziehen Sie Stellung! Ersparen Sie dem Gegenüber aber – kniggegerecht – eine Blamage.

Der locker-lässige Typ hat in mit einem Duz-Angebot kein Problem, er duzt ohnehin gern. Auch die Natürlichen sagen gern ja. Dynamische setzen Grenzen; sie wischen die Sache vom Tisch: »Das lassen wir lieber.« Und gehen zur Tagesordnung über – bitte wertschätzend, um keine Wunden zu schlagen. Traditionelle sind durch die verbale Annäherung am meisten irritiert. Bleiben Sie dennoch charmant: »Ihr freundliches Angebot, Herr Schmidt, ehrt mich. Haben Sie jedoch bitte Verständnis dafür, dass ich es im Moment nicht annehme.« Achten Sie darauf, dass Ihr Tonfall nicht überkandidelt oder gar arrogant klingt.

RAUM UND ZEIT: KNAPPE GÜTER MIT ANDEREN TEILEN

Das Wort »Takt« steht vor allem für die zeitliche Struktur von Musik. Ein Gefühl für Takt, die harmonische Bewegung innerhalb eines Rahmens, ist aber nicht nur gefragt, wenn Menschen und Töne – wie beim Tanzen – harmonieren sollen. Bei jeder Begegnung bewahrt Taktgefühl Sie davor, Misstöne zu erzeugen, anderen auf die Füße zu treten – und sich auf die Füße treten zu lassen.

Alle der Reihe nach und jedem seinen Platz

Wie im Straßenverkehr schützen Umsicht, Rücksicht und Voraussicht vor Zusammenstößen und fördern einen glatten Ablauf.

Bitte nach Ihnen: der Vortritt

»Erster!« – Nicht nur ein Kind freut sich darüber, vorne dran zu sein. Wer niemandem folgen muss und ungehinderten Blick auf das Umfeld hat, fühlt sich frei und genießt diesen Vorteil gegenüber anderen. Deshalb lautet die Knigge-Grundregel: Die »wichtigste« Person hat Vortritt. Konkret lassen Sie jede Person, der Sie diese Bedeutung einräumen, als erste durch Türen gehen, Zimmer betreten, in einen Aufzug steigen, enge Stellen passieren, Treppen hinaufgehen, in Busse und Bahnen einsteigen.

Wenn jedoch nicht klar ist, wo es langgeht, ist der Vortritt kein Vorteil. Daher gilt die Zusatzregel: Sichern Sie ein unübersichtliches Terrain, bevor die Person, die Sie würdigen wollen, ihren Fuß hineinsetzt. Gefahren lauern an diesen Stellen:

- Schmale Gänge ohne sichtbaren Zielpunkt: Wer sich auskennt, geht vor, z. B. der Gastgeber vor dem Gast durch den Flur auf dem Weg zum Esszimmer.

- Nach unten führende Treppen: Wer stürzt, soll nicht ins Leere fallen, sondern vom Begleiter aufgefangen werden.
- Restaurants: Wer einlädt, geht voraus, prüft den Raum, organisiert den Tisch – in Deutschland. In den meisten anderen Ländern gilt ein Lokal hingegen als sicheres Terrain, und dem Gast wird beim Eintreten der Vortritt gewährt.

Links schützt Rechts: Prinzip mit Ausnahmen

»Die Dame gehe rechts vom Herrn, weil dieser links sein Schwert trägt.« Das hört man oft. Gute Nachricht für Verächter traditioneller Regeln: Es ist falsch. Kein Ritter hatte Schwert und Dame gleichzeitig in bzw. an die Hand zu nehmen. Richtig ist: Die meisten Menschen sind Rechtshänder und können mit Rechts leichter einen Arm ergreifen, einen Schirm halten, eine Tür öffnen. Darauf basiert die Grundregel: Gehen zwei Personen nebeneinander, ist der rechte Platz der bessere, Links schützt und ehrt Rechts. Begleiten Sie zwei Personen, nehmen Sie die »wichtigere« an Ihre rechte Seite, die andere links. Sogar diese praktische Regel kennt Ausnahmen, 1. wenn von rechts Unannehmlichkeiten auftauchen könnten, z. B. auf dem Bürgersteig von der Fahrbahn her, und 2. wenn es links etwas Interessantes zu sehen gibt – nicht nur Schuhschaufenster. Und quetschen Sie sich nicht zwischen Verheiratete oder Verliebte. Docken Sie an Paare links an.

Ärmel, Schultern, Kleiderbügel: routiniert an der Garderobe

Helfen Sie anderen aus dem Mantel oder nicht? Ob Sie mit Bekannten ins Kino gehen oder zu Hause Gäste empfangen: Laut Grundregel nehmen Gastgeber ihren Besuchern die Mäntel ab. Doch Vorsicht: Nicht jeder Herr möchte von einer Dame Hilfe annehmen, und frau muss keine Anhängerin von Alice Schwarzer sein, um sich lieber selbst zu helfen. Bieten Sie besser an: »Darf ich Ihnen die Garderobe abnehmen?« und verfolgen Sie, wie der Begriff »Abnehmen« aufgefasst wird: Dreht Ihnen das Gegenüber seine Schulter zu? Helfen Sie ihm aus dem Mantel. Reicht es Ihnen den Mantel? Hängen Sie diesen auf. Und merken Sie sich, wem Sie beim Abschied helfen und wem Sie den Mantel nur reichen sollten.

GPSP: Gute Plätze, schlechte Plätze

Die Grundregeln für das Sitzen basieren – wie die für das Stehen und Gehen – auf den Prinzipien Schutz und Wertschätzung:

1. Setzen Sie eine »wichtige« Person an Ihre rechte Seite. Dort können Sie sie umsorgen und ihr gut z. B. Speisen reichen.
2. Gewähren Sie ihr freie Sicht in den Raum und aus dem Fenster. Überblick vermittelt Sicherheit. Und weiter: Wie fühlt sich ein Besucher, der am Ess- oder Spieltisch oder beim Barbecue im Garten stets am Rand platziert wird, fern vom Zentrum des Geschehens, dem Gastgeber? Gut, hat er Sie nicht ins Herz geschlossen, ist er froh. Sonst aber gewinnt er im Lauf der Zeit den Eindruck, Sie stuften ihn unter »ferner liefen« ein. Denn:

WO DRÜCKT DENN **DER SCHUH?**

Gastgeber sehen es ungern, wenn Besucher Schmutz in ihre Wohnung tragen. Bei einem legeren Spieleabend mit guten Freunden werden Sie eine praktikable Lösung finden: Ob barfuß oder Gästepantoffeln – Sie werden sich einigen. Verlangen Sie aber nicht, dass Ihre Gäste bei einem feinen Abendessen in Socken oder fremden Hausschuhen bei Ihnen herumlaufen.

Bei gehobenen Anlässen halten Sie am Eingang Tücher bereit, mit denen die Gäste ihre Straßenschuhe säubern können. Umsichtige Gäste haben bei Schmuddelwetter ein sauberes Paar Schuhe dabei.

Mit Überblick über den gesamten Raum, Ausblick aus einem Fenster,
Schutz durch eine Wand im Rücken und einer Person an der linken Seite:
So sitzt ein Gast am liebsten.

3. Zentrum ist besser als Rand. Wem können Sie einen Eck- oder
   Stirnplatz zumuten? Das überlegen Sie sich gut. (▸ ab S. 137)
   Der Platz spricht also mit. Überlassen Sie deshalb die Platzierung
   nicht dem Zufall. Da kecke Gäste anderen gern die besten Plätze
   wegnehmen, weisen Sie alle ein: »Harry, setzt du dich bitte zu
   Inge aufs Sofa?« Es lohnt sich, Regie zu führen. Mäntel aufhängen,
   Blumen versorgen, Teewasser aufsetzen – das kann warten.

Die Knigge-Spieler im Raum

Sie sehen: Die Knigge-Regeln für das Verhalten im Raum sind differenziert auf Situationen bezogen. Sie können das Spiel nun nach Ihrer Art individuell gestalten.

Vertreter der Tradition legen mit wohlgesetzten Schritten und Gesten ein elegantes Tänzchen auf jedes Parkett. Treten Sie aber als Herr einer Frau, die sich nicht zum »schwachen Geschlecht« rechnet, bitte nicht zu nahe. Nicht jede schätzt, wenn Sie ihr den Stuhl hinrücken oder die Tasche tragen.

Dynamische Spieler lassen sich ungern umsorgen. Giften Sie aber bitte als Power-Frau einen traditionellen Mann nicht an, der für Sie den Liftknopf drückt. Seien Sie konsequent so schnell wie sonst auch: Bis sich ein »Kümmerer« umsieht, haben Sie doch die Türklinke schon gedrückt oder Ihren Mantel aufgehängt. Als Gastgeber dirigieren Sie: »Bitte vorne rechts«, oder: »Nach Ihnen.« Als Gast gestatten Sie bitte dem Gastgeber, seine Pflicht zu tun. Nimmt er seine Aufgabe nicht wahr, können Sie immer noch vorschlagen: »Soll ich zuerst gehen?«

Zählen Sie zum Typ Locker, geht Ihnen eine kalkulierte Schrittfolge gegen den Strich. Sie tanzen lieber nach Stimmung als nach Choreographie. Sie finden ja immer Ihren Platz – geschmeidig und spontan, wie Sie sind. Sie können hervorragend die Atmosphäre erspüren, richtig? Konzentrieren Sie Ihre Intuition ruhig einmal darauf, herauszufinden, welche Distanz Ihr jeweiliges Gegenüber offensichtlich schätzt.

Der natürliche Typ geht es pragmatisch an: »Hier links ist die Garderobe, da hinten geht's ins Wohnzimmer. Setzt euch schon, ich bin gleich da.« Manchen Gast überfordert so viel Freiheit; helfen Sie ihm mit ein wenig Regie. Nimmt ein Mann seiner Partnerin den Mantel nicht ab? Stop! Springen Sie nicht hilfsbereit ein; er könnte sich getadelt fühlen. Es wäre doch seine Aufgabe gewesen!

NAH UND FERN:
KOMFORTZONEN UND DISTANZ

Die meisten Menschen empfinden für jede Art von Beziehung eine bestimmte räumliche Distanz als »normal«. Der Bereich unter einem halben Meter gilt für Mitteleuropäer (in anderen Gegenden sieht man das ganz anders!) als **intime** Zone: Da darf Ihre Freundin hinein, Ihre Chefin nicht. Ringsum liegt die **persönliche** Zone; sie reicht bis zu einem Meter. Fremden steht sie nur für Begrüßungsrituale und zu Ihrer Begleitung offen. Freunde dürfen bleiben – ein ganzes Gespräch lang. In der **gesellschaftlichen** Zone zwischen einem und drei Metern Radius wird geprüft, ob näherer Kontakt erwünscht ist: auf dem Bahnsteig, beim Talk an der Theke. Als **öffentliche** Zone gilt ein Radius von mehr als drei Metern. Da steht Ihr Publikum, wenn Sie eine Rede halten.

Nicht jeder Knigge-Stilist fühlt sich in jeder Distanzzone gleichermaßen wohl. Beobachten Sie sich bitte selbst:

- Welchen Mitmenschen erlauben Sie einen längeren Aufenthalt innerhalb Ihrer intimen und persönlichen Zone? Wer darf Sie – außer an der Hand – berühren, ohne dass Sie sich bedrängt fühlen, z. B. welche Nachbarin oder welche Kollegin?
- Unter welchen räumlichen bzw. atmosphärischen Bedingungen akzeptieren Sie wie viel Nähe? Wann und wo brauchen Sie wie viel Distanz? Zum Beispiel wenn der Kollege im Büro Ihnen einen Arbeitsauftrag gibt?
- Wie angenehm oder unangenehm ist es Ihnen, wenn Sie mit Fremden einen Raum teilen müssen? Nehmen Sie statt des Aufzugs lieber die Treppe?
- Wie fühlen Sie sich, wenn Sie das Distanzgebot verletzen müssen oder dürfen, etwa wenn ein Verkäufer Ihnen die Ladentür aufhält?

Es gibt auf diese Fragen keine richtigen oder falschen Antworten – nur individuelle. Sie sind dazu gedacht, dass Sie sich selbst besser kennenlernen und so Ihre Aktionen und Reaktionen einschätzen und vorhersagen können.

Sorgen Sie dafür, dass Sie Ihre Komfortzone nicht allzu häufig verlassen müssen. Überlegen Sie, wie Sie Verletzungen Ihrer Distanzzonen vermeiden können. Sorgen Sie gut für sich selbst – damit Sie überzeugend wirken.

Die vierte Dimension:
Alles hat seine Zeit

Rennen Sie häufig gegen die Uhr an? Kommen leicht mal zu spät, müssen vorzeitig wieder weg? Dann zählen Sie zu den dynamischen oder zu den lockeren Kommunikations-Spielern. Vermutlich gefällt Ihnen der Aphorismus »Ein guter Anfang braucht Begeisterung.« Na, dann können Sie doch für Begeisterung sorgen – ganz diszipliniert. Oder?

Vom richtigen Zeitpunkt

Pünktlichkeit ist die Höflichkeit der Könige. Mit dieser Weisheit kann man wohl nur bei Traditionellen punkten. Der Natürlich-Anständige findet so etwas überkandidelt: Die Würde des Menschen ist unantastbar; deshalb lässt er niemanden warten, »hohen« Besuch wie die Schwiegereltern genauso wenig wie einen Schüler oder den Klempner. Bahnt sich eine Verspätung an, warnen beide Stilvertreter rechtzeitig – gemäß der Regel: Niemand soll unnötig auf sie warten. Sie nehmen es nicht auf die leichte Schulter, wenn sie doch einmal – natürlich schuldlos – zu spät dran sind. Schnell oder lässig getunte Spieler laufen eher Gefahr, Wartende vor den Kopf zu stoßen: »Uff, jetzt bin ich da!«, reicht jetzt nicht. Bitten Sie um Verzeihung; kurz und knackig, doch mit Zauberwort (▸ S. 47) oder mit einer Umarmung.

Die Regeln für Besuchs- und Anrufzeiten in Privathaushalten sind passé. Dennoch ist es riskant, zu jeder beliebigen Tages- oder Nachtzeit bei Bekannten aufzukreuzen oder anzuläuten. Großmütter brauchen vielleicht ihren Mittagsschlaf, Eltern von Kleinkindern auf jeden Fall Ruhe für die Gutenachtgeschichte. »Wann soll ich am besten anrufen?« – »Darf ich später zum Kaffee vorbeikommen?« Das klären Sie im Vorfeld per SMS. Ihre Oma hat kein Handy? Ändern Sie das zu ihrem nächsten Geburtstag.

Gekommen, um wieder zu gehen

Sie verbringen vermutlich mehr Zeit am Arbeitsplatz als mit Familie und Freunden, und denen geht es nicht anders. Gehen Sie mit Ihrer und deren Zeit behutsam um und klären Sie vor einem Treffen: »Wie lange könnt ihr bleiben?« Oder: »Gehen wir nach dem Kino was trinken?« Klare Absprachen liegen natürlichen und dynamischen Akteuren, für Traditionsbewusste sind sie überflüssig: Sie wissen, dass für einen Empfang oder ein Glas Wein eine Stunde, für ein Mittagessen zwei und für ein Abendessen gut drei Stunden zu veranschlagen sind. Und empfehlen sich eine halbe Stunde, nachdem am Ende eines Essens der Kaffee gereicht wurde. Lässige fühlen sich von Zeitangaben eingeengt. Brechen Sie dennoch trotz bombiger Stimmung auf, bevor Ihre Freunde gähnen.

Die Verabschiedung läuft ab wie die Begrüßung: Der Höherrangige darf mit Ihrer Vorzugsbehandlung rechnen. Müssen Sie ein Zusammensein vorzeitig verlassen? Teilen Sie Ihren Sitznachbarn ohne Aufheben mit, was Sie vorhaben; das ist anständig, liebenswert, schnell und klassisch zugleich. Nur als Ehrengast dürfen Sie allen die Hand schütteln.

ZART HINAUSKOMPLIMENTIEREN

Genug geplaudert. Sie wollen nicht bis zum Morgengrauen sitzen bleiben, Ihr Besuch sollte sich allmählich verabschieden. Erwarten Sie nicht, dass er Ihre Gedanken liest. Bieten Sie »zum Schluss noch einen Schluck« an. Fragen Sie nach den Plänen für den nächsten Tag. Ist er immer noch da? Sagen Sie locker und wertschätzend, aber bestimmt und pragmatisch: »Schön, dass du da warst. Ich freue mich auf unser Wiedersehen. Komm gut heim.« Auf dem Weg zur Tür hat der Gast übrigens Vortritt: Jetzt kennt er sich ja aus.

Unter einem Dach: Nachwuchs, Übernachtungsgäste, Nachbarn

Man kann sich Lebenspartner aussuchen und manchmal sogar Chefs und Arbeitskollegen. Für Familie und Nachbarschaft gilt das – ob glücklicher- oder traurigerweise – nicht. Und selbst wenn man sich seine Besucher noch auswählen kann, zerrt deren längere Anwesenheit doch manchmal arg an den Nerven.

Knigge für Kids: gar nicht so schwer

Verhalten sich Ihre Verwandten in Ihrer Anwesenheit so, dass Sie sie gern um sich haben? Schön. Denn was würden Sie sagen, wenn Ihnen die Cousine ihre Handtasche mitten auf den festlichen Esstisch knallt? Und wenn der Vetter das Schlürfen und Schmatzen nicht lässt? Gar nichts könnten Sie sagen, wenn Sie nicht wie Heidis Fräulein Rottenmeier dastehen wollen.

Bei Ihren Kindern ist das anders, da müssten Sie sogar etwas sagen. Doch die können sich bestimmt benehmen. Als Eltern brauchen Sie nur altersgemäße Spielregeln aufzustellen und bei der Umsetzung zu helfen. Manchmal fällt das Thema aber der Hektik des Alltags zum Opfer. Oft merken Eltern erst, wenn sie sich selbst beobachtet fühlen, dass das liebe Kind den einen oder anderen Fehler macht. Dann geht es los mit Gängelei: »Sag jetzt der Oma endlich danke!«; mit Tadel: »Messer in die rechte Hand!«; mit öffentlicher Demütigung: »Schaut euch diese Trauerränder unter seinen Fingernägeln an.« Schade. Denn es ist gar nicht so schwer, Kinder anzuleiten, in Fragen des Umgangs Selbstbewusstsein, Resilienz (psychische Widerstandskraft) und Persönlichkeit zu entwickeln, also:

- auf die eigenen Fähigkeiten zu vertrauen,
- Fertigkeiten schrittweise zu erlernen,
- neue Lernfelder konstruktiv zu bearbeiten.

Machen Sie Ihr Kind Schritt für Schritt mit den Grundregeln des einvernehmlichen Miteinanders vertraut; dazu gehören auch die Tischsitten. Und helfen Sie ihm, seinen eigenen Umgangsstil zu entwickeln. Selbst wenn der nicht exakt der Ihre ist.

Übernachtungsbesuch – von zwei Seiten betrachtet

Über das Kommen mancher Leute tröstet einen nur die Hoffnung auf ihr Weggehen. Deshalb gilt für Übernachtungsgäste: Verhalten Sie sich so, dass die Gastgeber Sie gern kommen … und ungern gehen sehen. Wie setzen Sie das Ihren Stil-Fähigkeiten gemäß um?

Vertrauen Sie den Regeln der alten Schule, sind Sie ein gern gesehener Gast: Es läge Ihnen fern, andere als die Ihnen zugewiesenen Räumlichkeiten zu betreten und die Gastgeber am Schlafengehen zu hindern oder zu wecken. Niemand muss befürchten, Sie im Schlafanzug auf dem Flur anzutreffen, Sie präsentieren sich immer wie aus dem Ei gepellt. Versäumen Sie als Dame nicht, den Gastgebern Hilfe anzubieten. Auch Sie können anpacken.

Als natürlicher Pragmatiker sind Sie ebenfalls stets willkommen. Sie helfen beim Kochen und Abspülen, wischen nach Gebrauch die Dusche trocken und ziehen vor der Abreise Ihr Bett ab. Die CDs zu ordnen und den Kindern die Mathe-Aufgaben zu lösen, das fände allerdings nicht jeder Hausherr so gut wie Sie.

Sind Sie grundsätzlich locker drauf? Dann verbreiten Sie gute Stimmung von früh bis spät – richtig toll. Nehmen Sie aber bitte die Aufforderung, Sie sollten sich wie zu Hause fühlen, nicht allzu wörtlich. Setzen Sie sich nicht im Negligee an den Frühstückstisch. Und gehen Sie vor den Hausherren ins Bett.

Behalten Sie am liebsten das Heft in der Hand? Dann ordnen Sie sich ungern in fremden Haushalten ein. Sie gehen lieber ins Hotel. Müssen Sie eine Einladung zur Übernachtung annehmen, folgen Sie ruhig Ihrem Tatendrang. Fragen Sie, bevor Sie loslegen, nach der Organisation: Wer geht wann ins Bad, wer macht wann das Frühstück? Tee oder Kaffee? An klare Ansagen können Sie sich ja halten. So lange es nicht auf Dauer ist.

Und wie verhalten Sie sich als Gastgeber? Schnüren Sie Ihren Gästen ein Wohlfühlpaket: mit gut gelüftetem Zimmer, frisch bezogenem Bett, sauberen Handtüchern, zum Abend einer Flasche Wasser und Betthupferl. Holen Sie aber die Erlaubnis des Gastes ein, bevor Sie sein Zimmer betreten. Erklären Sie die Spielregeln Ihres Haushalts. Das ist nicht autoritär. Das trägt zur Harmonie bei, ist zielführend und fair.

Liebe deinen Nachbarn, aber reiß den Zaun nicht ein

Teilen Sie mit anderen eine Wohnung, ein Hochhaus oder eine Siedlung? Jede Wohn-Gemeinschaft ist ein sensibles System mit vielen unausgesprochenen Regeln und oft undurchschaubaren Abgrenzungen und Allianzen. Für jede Interessengemeinschaft rät die Etikette: Spielregeln offenlegen und Verstöße dagegen sofort, direkt und konstruktiv ansprechen.

»Ich bin der oder die, und wer sind Sie?« Von natürlichem Anstand geprägt, finden Sie stets ein Plauderthema für Kontakte am Gartenzaun oder Balkongitter, und sei es, dass Sie erfragen oder erklären, wie die Heizung funktioniert. Reagieren Sie aber nicht beleidigt, wenn andere sich zurückhalten: Nicht jeder ist so gepolt wie Sie. Als Traditions-Spieler halten sich wie immer diskret zurück. Ein freundlicher Zusatz zum Gruß, und sei es eine Bemerkung über das Wetter, hilft die Distanz zu verringern, ohne dass Sie zu viel Nähe fürchten müssten. Als Zielstrebiger regeln Sie das Wichtigste sofort; Weiteres wird man sehen, wenn Sie Zeit dafür haben. Sie öffnen nicht jedem Ihr Herz … und auch nicht die Wohnungstür. Vermeiden Sie, sich mit einem unbeabsichtigten schroffen Wort selbst eine Tür vor der Nase zuzuschlagen. Haben

Sie generell eine liebenswürdige Art? Dann finden Sie sich sofort zurecht. Überheizen Sie die Nachbarschaft aber nicht mit Ihrer Herzenswärme. Halten Sie, bevor Sie den ganzen Block in Ihr Wohnzimmer einladen, zuerst den einen oder anderen Plausch im Vorgarten. Da hören Sie heraus, ob die Idee wirklich so genial ist.

DER LIEBE HAUSFRIEDEN:
LIEBER CHARME ALS SCHARMÜTZEL

1. Zeigen Sie Ihre Bereitschaft zu kommunizieren: Grüßen Sie. Vom ersten Tag an. Jeden. Immer. Stellen Sie sich Ihren neuen Nachbarn vor.

2. Respektieren Sie Vorschriften; eine »Kehrwoche« gibt es nicht nur in Schwaben. Noch besser gehen Sie einen Schritt über die Regeln hinaus und fragen: »Wann kann ich am besten Posaune üben, ohne zu stören?«

3. Erweisen Sie sich als verlässlich: Geben Sie die ausgeliehene Bohrmaschine unmittelbar nach Gebrauch und unversehrt zurück.

4. Kooperation bringt Vorteile und schafft Vertrauen: Erfüllen Sie den Wunsch, im Urlaub den Briefkasten zu leeren oder die Blumen zu gießen. Bitten Sie Nachbarn, während Ihrer Abwesenheit ein Blick auf Ihr Haus zu werfen. Dürfen Sie die Bitte der Nachbarin, während ihres Urlaubs die Katzen zu füttern, ablehnen? Klar – wenn Sie unter einer Allergie leiden oder beruflich zu stark in Anspruch genommen sind.

5. Verstöße gegen Ihre Ruhebedürfnisse und Vorstellungen von Sauberkeit sind wahrscheinlich nicht böse gemeint. Tragen Sie dem Mitbewohner Ihr Anliegen als Ich-Botschaft vor: »Ich bin nach dir mit dem Spülen dran und finde regelmäßig dreckiges Geschirr vom Vortag.« Formulieren Sie dann Ihre Bitte ganz neutral: »Kannst du bitte künftig nach Plan abspülen?« Das ist allemal konstruktiver, als sich aus lauter Harmoniebedürfnis vor der Konfrontation zu drücken und jede Woche wieder zu ärgern. Sie brauchen das weder schroff noch laut zu sagen (schönen Gruß an den Dynamischen).

Bevor es peinlich wird: das richtige Wort am richtigen Ort

Raum friedlich teilen, Zeit harmonisch miteinander verbringen, das gelingt trotz mancher Bemühungen nicht immer ohne Missverständnisse, Interessenkonflikte und Reibereien. Soll ein Wortwechsel nicht zum Schlagabtausch eskalieren, helfen die bewährten Grundregeln der Kommunikation:

- konkret sprechen,
- konstruktiv sprechen,
- auf einen Anlass bezogen statt allgemein sprechen,
- Gefühle von Fakten trennen,
- auf Unterstellungen verzichten,
- Absicht und Wirkung unterscheiden,
- Empfindungen als Ich-Botschaften formulieren,
- ein Problem vom Standpunkt des Gegenübers aus betrachten.

Wenn's sein muss: Meinungsverschiedenheiten austragen

Erfahrungsgemäß fällt es dem natürlichen Pragmatiker leicht, diese Empfehlungen zu befolgen. Andere tun sich schwerer damit. Wer in Ruhe lassen und gelassen werden möchte, spricht Probleme ungern konkret und mit emotionaler Beteiligung an. Wer Harmonie braucht, spricht sie am liebsten gar nicht an. Und wer ein Sachziel vor Augen hat, vermeidet es, seine Gefühle zu thematisieren, und läuft Gefahr, andere zu tadeln.

Niemand muss sich verbiegen; wundern Sie sich nur nicht über unerwünschte Reaktionen, wenn Konflikte eskalieren, weil Sie Ihren Stil unflexibel und unüberlegt verfolgen. Können Sie nicht doch bei einer Meinungsverschiedenheit Ihr Ziel definieren und einen oder zwei Kernsätze vorbereiten, die den Grundregeln entsprechen? Nicht um des lieben Friedens willen, sondern um Ihre Wirkung zu verbessern.

Ja, nein, Entschuldigung: Sag's nur, wenn du es meinst

Sagen Sie manchmal »ja«, nur um nicht »nein« sagen zu müssen? Dann ist Ihr »Ja« auf Dauer nicht viel wert. Weil andere nicht wissen, woran sie bei Ihnen sind. Aber man kann Klartext reden, ohne schroff zu wirken.

Gesetzt den Fall, eine Freundin will sich von Ihnen Geld leihen: Sie wissen: Geld und Freundschaft, das kann schief gehen, doch kränken wollen Sie sie nicht. Ziehen Sie ganz bewusst Ihre bevorzugte Stil-Karte. Treiben Sie die Dinge lieber voran, als zu bremsen? Sagen Sie es: »Um dir das zu leihen, brauche ich ein paar Informationen von dir.« Setzen Sie auf Empathie und Anstand? Sagen Sie es: »Unsere Freundschaft liegt mir am Herzen, deshalb möchte ich das genauer mit dir besprechen.« Sind Sie ein ausgesprochen höflicher Mensch? Auch als Traditioneller dürfen Sie für sich sorgen: »Es ist mir ein Anliegen, deine Bitte zu erfüllen. Bitte erläutere mir etwas genauer, wie das vonstatten gehen soll.« Und wenn Sie auf Harmonie bedacht sind? Sprechen Sie auch da Ihrer Natur gemäß: »Lass uns doch mal bei einer Tasse Kaffee zusammensetzen und das genauer bekakeln.«

Haben Sie sich einen Fauxpas geleistet, z. B. einen Termin verschwitzt? Dann brauchen Sie noch lange nicht ins Büßergewand zu schlüpfen. Wobei theologisch betrachtet Gnade nur bei echter Reue gewährt wird. Ein flott hingeworfenes »Sorry« reicht im Beichtstuhl nicht und auch gegenüber Menschen nicht, zumal diese manchmal strenger urteilen als der liebe Gott. Unumwunden »um Entschuldigung bitten«, gönnen Sie das den Be- und Getroffenen – und auch sich selbst. Ist Ihnen diese Formulierung zu förmlich? Suchen Sie Inspirationen für charmante Alternativen im Internet. Ein Beispiel: »ABCDEFGHIJKLMNOPQRSTUVWXYZ. Aus diesen Buchstaben will ich dir in tausend verschiedenen Worten sagen: Verzeih mir!« Also wer da nicht dahinschmilzt!

DRAUSSEN VOR DER TÜR: UNTERWEGS

Die Medien berichten, was Stars zu Weihnachten essen, an der Kasse sehen wir die Einkäufe des Chefs, im Zug werden wir Zeugen der Ehekrisen wildfremder Leute: Privates und Öffentliches mischen sich. Wir wirken also überall und immer.

Allein außer Haus – und doch nicht allein

Viele Menschen legen täglich weite Entfernungen zurück und sehen unterwegs kein bekanntes Gesicht. Genauso wenig bleiben wir in unserer *Small World* an fernen Orten garantiert anonym. Beide Vorstellungen sind schön und schrecklich zugleich.

Schöner gehen: auf der Straße

Halten Sie Abstand. Stören Sie den Verkehrsfluss nicht. Drängeln Sie nicht. Lassen Sie Schwächeren den Vortritt. Das sagt die Straßenverkehrsordnung. Befolgen Sie sie, verhindern Sie Staus und Unfälle. Ihr Gestaltungsspielraum liegt im Detail. Vertreter des natürlichen Anstands und der alten Schule praktizieren die Regeln von selbst. Wer schnell ein Ziel erreichen will oder als lässiger Typ alles nicht so eng sieht, verstößt eher dagegen. Das Wort »Pardon« und ein Lächeln kosten aber keine Zeit. Helfen Sie gern? Gut! Aber fragen Sie vorher. Nicht jeder Rollstuhlfahrer möchte Hilfe.

Essen und trinken Sie nicht im Gehen, raten die Ärzte, damit Sie sich nicht verschlucken oder auf die Zunge beißen. Und es wirkt souveräner, wenn Sie sich einen Platz am Stehtisch vor der Imbissbude suchen. Oder wollen Sie nach der Mittagspause mit Fettflecken auf der Bluse im Büro erscheinen? Nein? Also lieber stehen bleiben und eine zweite Serviette unter den Döner halten.

MIEZ & MOPS UND SIE ALS HALTER:
KNIGGE TIERISCH

Kommen Sie mit Fremden schwer ins Gespräch? Kaufen Sie sich einen Hund! Wenn Fifi und Eddi, Mäxle und Rex auf der Hundewiese tollen, haben Sie mit anderen Hundehaltern schnell Kontakt. Doch nicht jeder, dem Ihr Vierbeiner über den Weg läuft, ist von dieser Begegnung begeistert. Manche haben Angst vor Tieren, andere Allergien. Nehmen Sie beides ernst.

Wenn Frauchen Männchen macht

Da Ihr Hund selbst nicht unbedingt für Benimmtipps zu haben ist, denken Sie am besten für ihn und die Umwelt mit und

- ○ nehmen ihn – auch wenn Sie gern bestimmen, was läuft – nicht in einen Haushalt mit, ohne die Hausherren vorher zu fragen,
- ○ bringen ihn nur dann in ein Restaurant mit, wenn dies dort ausdrücklich gestattet ist und er sich unter Ihrem Tisch aufhalten kann – und wird,
- ○ leinen ihn auf Bürgersteigen und Parkwegen sowie in Gebäuden an,
- ○ sind besonders vorsichtig, wenn sich Kinder, Jogger, Radfahrer, Pferde und andere Hunde nähern,
- ○ entsorgen sein »Geschäft«.

Treffen Sie selbst auf Bekannte mit Hund? Lassen Sie Vorsicht walten, wenn Sie gern den lockeren Stil an den Tag legen: Nicht jeder Hund toleriert ohne Weiteres, dass Sie ihm den Kopf streicheln und sein Frauchen umarmen. Verzichten Sie darauf – nicht der Etikette wegen; hier geht es um Ihre Sicherheit!

Benimm für Katzen? Da muss wohl Herrchen ran

Katzen sind schwer erziehbar und von Nachbars Grundstück ohne dessen Selbsthilfe nicht fernzuhalten. Sprechen Sie daher mit den Nachbarn, bevor Ihr Mikesch deren Lavendelbeet zum Katzenklo umfunktioniert. Und verurteilen Sie als Naturmensch nicht jeden, der sich für eine Kreatur Gottes nicht erwärmen kann. Ihr Weltbild in Ehren, doch: Auch wer Tiere nicht mag, kann ein guter Mensch sein.

Vertreter der alten Schule sind sicher erfreut, dass Hut & Handschuhe wieder in Mode kommen. Richtig gehandhabt werden sie so: Ein Herr zieht zum Gruß den Hut, die Mütze – eher zum Natürlichen passend – darf auf dem Kopf bleiben. Frauen, Männer, Kinder ziehen ihren rechten Handschuh für den Handschlag aus: Haut fühlt sich persönlicher an als Leder. Die alte Regel, dass (nur) Damen den Handschuh anbehalten dürfen, ist passé.

Auf engstem Raum mit Fremden

Umsicht kostet nichts. Es passt zu jedem Stil, wenn Sie im Bus allen, die schlecht stehen können, Ihren Sitz anbieten: Alten, Kranken, Müttern und Vätern mit Kind. Da niemand gern einer Person auf den Rücken schaut, wenden Sie im Lift oder wenn Sie im Kino oder Theater durch eine Reihe gehen, den anderen Ihr Gesicht zu. Theater- und Konzertbesucher denken beim Kunstgenuss oft nicht an das übrige Publikum. Und doch: Handy aus, nicht in der Handtasche kramen, nur in die Armbeuge husten (wirklich!), weder Kommentare noch Zwischenapplaus, Buhrufe und Pfiffe.

IM HOTEL:
STERNE FÜR **IHRE RÜCKSICHT**

Im Hotel sind Sie zugleich zu Hause und zu Gast. Zimmerwände sind oft dünn; denken Sie daran, wenn Sie Kind und Hund dabeihaben oder ein wenig feiern wollen. Sonst dürfen Sie sich beim Frühstück über giftige Blicke anderer Gäste nicht wundern. Grüßen Sie Gäste und Mitarbeiter. Kleiden Sie sich situationsgerecht: In triefender Badehose neben Anzugträgern an der Rezeption zu stehen, das tun Sie sich lieber nicht an. Übrigens: Die Gehälter in den Hotels sind weiterhin knapp kalkuliert, weil oder damit Sie Trinkgeld geben.

Kommt gar nicht in die Tüte – oder doch? Einkaufen

Fürs Shopping empfiehlt die Etikette: Halten Sie für den folgenden Besucher die Ladentür auf, respektieren Sie an der Kasse den Diskretionsabstand, behandeln Sie Verkäuferinnen und Verkäufer so, wie Sie von ihnen behandelt werden möchten.

Empathisch handelnden Personen sind diese Empfehlungen Balsam für die Seele. Als traditionell denkende Dame tun Sie sich damit möglicherweise schwer. Wollen Sie respektvolles Verhalten anderer einfordern? Geben Sie den Takt vor: An einer Tür den Schritt verlangsamen, um dem Ihnen folgenden – auch unbekannten – Herrn Gelegenheit zu geben, diese für Sie, die Dame, zu öffnen – das hat schon was. Spielen Sie ruhig die Dame. Doch spielen Sie sie perfekt.

Sind Sie dynamisch veranlagt, kommen Sie nicht auf solche Ideen: Zeit ist Geld. Verkäufer verdienen ihr Geld übrigens unter anderem damit, Kunden gut zu beraten. Das kann dauern – vor allem, wenn ein heiterer Kunde Scherze macht. Machen Sie bitte einen Unterschied zwischen Dynamik und Drängelei; schneller werden Drängler sowieso nicht bedient. Und sich an der Supermarktkasse anhören zu müssen, Sie hätten sich an der Warteschlange vorbeigemogelt – das passt bestimmt nicht in Ihr Selbstbild. Über den Preis zu verhandeln ist schon eher Ihr Ding. Sie wissen aber, dass den Befugnissen der Verkäufer Grenzen gesetzt sind, richtig? Verlangen Sie ruhig, den Vorgesetzten zu sprechen; die unangenehme Diskussion mit Ihnen delegiert der Mitarbeiter sicherlich gern an seinen Chef. Vergreifen Sie sich aber nicht im Ton. »Bitte« und »danke« sind in Ihrem Wortschatz vorhanden, und Deeskalation ist für Sie doch auch okay.

Der Kauf ist getan, die Ware eingepackt. Pragmatische Shopper tragen sie in ihrer Einkaufstasche oder in einem Stoffbeutel nach Hause; das Label ist ihnen gleichgültig: Jute statt Plastik!

Auf einen Drink oder zwei: Ausgehen mit Bekannten

Wenn Sie sich gern an die traditionellen Spielregeln halten, ist für Sie klar: Ein Herr lädt eine Dame ein, holt sie an ihrer Haustür ab und bringt sie dorthin zurück. Wer ein Zusammensein lieber praktisch, locker oder zügig gestaltet, hat für solche Formalitäten kein Verständnis. Okay: Es muss ja auch nicht sein. Doch auch für Sie erleichtern Absprachen das Ausgehen.

Wollen Sie – als Mann oder als Frau – ins Kino oder auf einen Drink einladen? Tun Sie das. Und spielen Sie von Anfang an mit offenen Karten: »Heute lade ich euch ein.« (▸ Zeit S. 40; Gastgeber ▸ ab S. 156) Wollen Sie nicht einladen? Dann tun Sie es nicht. Zögern würde aber Unsicherheit erzeugen: Gehen Sie deshalb zielstrebig, strahlend oder natürlich, ganz auf Ihre Art, an die Kinokasse und kaufen Sie Ihre Karte.

Im Restaurant: Informieren Sie die Servicekraft beim Bestellen: »Wir zahlen getrennt.« Im Ausland würde diese Bemerkung irritieren: In den meisten Ländern teilen die Gäste die Gesamtrechnung durch die Personenzahl – wenn nicht einer für alle zahlt. »Du hattest aber eine Cola mehr als ich!«, solche Genauigkeit wird dort nicht angestrebt. Und im englischen Pub ist es üblich, Runden auszugeben. Bloß nicht ein einzelnes *Pint* holen gehen.

Sitzen Sie mit Bekannten zusammen, und eine Person kommt unangemeldet hinzu? Gehen Sie dem Neuankömmling entgegen. Erklären Sie ihm, dass Sie mit Freunden im Gespräch sind. Sagen Sie ihm, dass Sie sich freuen, wenn Sie ihn bald wiedersehen. Würden Sie jedoch lieber Ihr Herz und Ihre Arme öffnen? Tun Sie das – doch nicht ohne Absprache mit den Personen, mit denen Sie verabredet waren: Ihnen stehen Ihr Herz und Ihre Arme als Ersten zu. Fragen Sie Ihre Tischrunde: »Darf er sich zu uns setzen?« Vielleicht kann der oder die »Neue« ja einen wertvollen Beitrag zum Gespräch und zur Gruppendynamik leisten.

Erreichbar – allzeit und überall? Mobil telefonieren

Die Empfehlungen fürs Telefonieren in der Öffentlichkeit kennen Sie: Verzichten Sie aufs Handy in Kino, Theater, Konzertsaal, Ruhezonen im Zug sowie dort, wo innere Einkehr, Genesung, Genuss und Entspannung gesucht werden: Kirchen, Praxen, Kliniken, Restaurants, Wellness-Räume. »Wo nicht geraucht wird, wird nicht telefoniert«, – diese Regel gibt es leider nicht. Schön wär's schon; dann müssten Sie sich nicht überall intime Details hören, die in die Welt posaunt werden. Sie müssen sich als Zuhörer aber nicht fremdschämen. Sie können Laut-Sprecher freundlich, aber bestimmt um Rücksicht bitten. Sie können, wenn Ihnen das eher liegt, lachend oder gütig fragen, ob Sie all das wirklich wissen sollen oder ob es nicht klüger wäre, für das Telefonat den Raum zu wechseln. Sie können sogar kurz und knackig auf die Regeln pochen: »Hallo! Telefonierverbot.« Alles geht. Am glaubwürdigsten sind Sie, wenn Sie selbst Ihren Erwartungen auf die beste Weise entsprechen.

BLAMAGE-PROPHYLAXE

Sie wollen als Privatperson eine gute Figur machen?
Dann vermeiden Sie zu Ihrem eigenen Vorteil diese Verhaltensweisen:

- Andere ignorieren: beim Grüßen übersehen, einen Gruß nicht erwidern, eine Hand ausschlagen, den Blick entziehen, Äußerungen überhören
- Menschen abwerten: sich gegenüber Personen mit hohem Status zuvorkommend und zugewandt verhalten, Kollegen gegenüber nicht
- Wertschätzung verweigern: den Rücken zuwenden, die besten Plätze beanspruchen, sich über Zeitabsprachen hinweg setzen.
- Distanzbedürfnisse ignorieren: zu nahe treten, den Weg abschneiden, Ruhe, Entspannung und Genuss stören

Ich-Stärke
im Beruf:
So geht das

Als Privatperson können Sie – hoffentlich oft! – ganz Sie selbst sein. Im Berufsleben jedoch tragen Sie mehr Verantwortung: Sie stehen nicht nur für sich, sondern auch für Ihr Team, für Ihre Abteilung, für Ihr Unternehmen, für Ihre Branche und im Ausland sogar für Ihr Land. Das setzt Ihrer individuellen Handlungsweise Grenzen. Ein Beispiel: Nehmen Sie den Gleichheitsgrundsatz in Artikel 3 unseres Grundgesetzes wörtlich? Dann können Sie kaum akzeptieren, dass für den Vorstand Parkplätze reserviert sind und der Kollege einem Kunden die Tür aufhält, die er Ihnen gerade vor der Nase hat zuknallen lassen. Oder Sie fragen sich: Mit welchem Recht kann Ihre Chefin verlangen, dass Sie einen Kunden mit »Dr.« anreden, bloß weil er ein paar Semester länger an der Uni war?

Wo sind im Beruf Ihre Freiräume, wo Ihre Chancen, die Gegeben- und Gepflogenheiten aktiv mitzugestalten? Darum geht es in diesem Kapitel. Und darum, wie Sie Ihre Stärken ausbauen. Denn wenn Sie sich ab und zu ein klein wenig anders verhalten als bisher, werden Sie noch lange kein anderer Mensch. Wenn Sie eine Fremdsprache erlernen, bleiben Sie ja auch die Person, die Sie sind.

KOMMT AUF LANGE SICHT GUT AN: KLARTEXT MIT KOLLEGEN

Wenn Fairness oberstes Gebot ist und es Regeln gibt, an die sich alle halten, herrschen am Arbeitsplatz paradiesische Zustände. Selten aber ist eine Abteilung tatsächlich der Garten Eden; sichert sich doch jedes Tierchen gern sein Revierchen. Zwischen Vorgesetzten und Mitarbeitern sind die Claims (hoffentlich klar) abgesteckt – ja, auch in Unternehmen mit »flachen« Hierarchien. Personen mit ähnlichem Status hingegen müssen ihre Territorien aushandeln; das tun sie nicht immer offen, dafür manchmal täglich neu.

Tür auf, Fenster zu, Mikro aus: zusammenarbeiten im Alltag

Wer glücklich ist, leistet mehr: Diese Erkenntnis nutzen gute Führungskräfte beim Führen ihrer Mitarbeiter. Sollte sich Ihr Chef ausnahmsweise mal nicht für Ihr persönliches Glück verantwortlich fühlen, nehmen Sie es am besten selbst in die Hand.

My office is my castle: Grenzen setzen und respektieren

Je enger Sie bei der Arbeit aufeinanderhocken, pardon: nebeneinandersitzen, desto notwendiger sind Spielregeln. Anstatt sich diese diktieren zu lassen, kann ein Team sich an einem Abend zusammensetzen – der Pizzaservice ist dankbar, wenn Sie Ihre Bestellung noch vor Mitternacht aufgeben – und sie im Rahmen des Möglichen selbst aufstellen. Aspekte für die Agenda:

1. »Wie definieren wir ein ideales Miteinander?« Sammeln Sie die Antworten auf einem Flipchart. Mit Sicherheit stehen dort dann Begriffe wie z. B. »Unterstützung, Offenheit, Respekt«.

2. »Wie erreichen wir dieses Ziel konkret?« Da muss sich jeder Einzelne klarmachen: Wo erhoffe ich Verbesserungen für mich? Auf welche Privilegien bin ich bereit zu verzichten? Von wem erwarte ich was? Und mit welchem Recht?

Was Sie auch beschließen: Je genauer Sie es definieren, desto leichter kommen die vermeintlichen Kleinigkeiten zur Sprache, die das Zusammenarbeiten erleichtern bzw. erschweren:

1. Kommunizieren: Dass jeder jeden grüßt, ist – hoffentlich – klar (▸ ab S. 25). Weiter ist zu klären: Wer gibt wem wann die Hand? Und: Bleiben wir in Anwesenheit von Kunden beim gemeinschaftlichen Du oder sind wir Sie – der Firmenphilosophie zuliebe – nach außen untereinander per Sie? Wer braucht welche Informationen wann wozu? Wie gehen wir mit Verstößen gegen unser Regelwerk um?

ANRÜCHIGES ANSPRECHEN

Man kann die Zimmertemperatur besprechen und regeln, wann wer welches Fenster öffnet und welche Tür schließt. Doch was tun, wenn ein Kollege riecht? Morgendliches Duschen für alle? Na ja, also wenn, dann wenigstens gemeinsam. Hoho. Vielleicht stellen Sie zunächst allgemeine Weisheiten in den Raum: »Man riecht's halt, wenn eine Bluse drei Tage nacheinander getragen wird.« Oder: »Es ist schon schlimm, dass Schweißgeruch trotz einer normalen Reinigung in den Jacken hängen bleibt. Ich lasse die Sachen immer mit Ozon behandeln. Hilft nicht hundertprozentig, aber hilft.« Bessert sich die Geruchslage trotz eines Winks mit dem Zaunpfahl nicht? Reden Sie Klartext (▶ ab S. 46): von Mann zu Mann oder von Frau zu Frau. Unter vier Augen. Und nach den Regeln der Feedback-Kunst (▶ ab S. 69).

2. Intimsphäre: Wer klopft bei wem an, wer betritt welches Zimmer einfach so? Wer darf welchen Raum oder Schreibtisch oder PC in Abwesenheit des Inhabers nutzen? Welche privaten Telefonate oder E-Mails sind – im Rahmen der Firmenregelung – akzeptabel? Welche Lautstärke beim Telefonieren?

3. Organisieren: Wer leitet Telefonate, E-Mails, Kopieraufträge usw. wann und wie an wen weiter? Mit welcher Sprachregelung – untereinander und extern?

Wir respektieren uns, wir unterstützen uns: Wenn es um ein einvernehmliches Miteinander geht, schlägt die Stunde der Natürlichen. Ziehen Sie Ihre Register, doch bitte nicht alle auf einmal; klopfen Sie vorher den Bedarf ab. Nicht für jeden ist der Arbeitsplatz der liebste Ort auf Erden, und nicht jeder hat seine Antennen pausenlos auf die Befindlichkeit der anderen gerichtet. Seien Sie nicht enttäuscht, wenn sich nicht alle Ihre Visionen vom harmonischen Arbeiten sofort umsetzen lassen.

Dynamischen sind zeitraubende Diskussionen zuwider. Fenster auf oder zu? Dazu ist Ihre klare Meinung: Frische Luft macht munter. Und wenn Sie der Kollegin einen Stapel auf den Schreibtisch knallen – na, was zu tun ist, sieht sie doch selbst. Stimmt oft. Sie laufen jedoch Gefahr, dominant zu wirken und auf Dauer ausgebremst zu werden. Eine freundliche Bitte motiviert eher als eine – zumal wortlose – Forderung. Die Vokabeln dafür kennen Sie.

Für Traditionelle sind Regeln wie eine Reling, an der sich die Mannschaft festhalten kann, gerade in stürmischer See. Als Repräsentanten der alten Schule wachen sie auch im Alltag darüber, dass diese Regeln eingehalten werden. Bitte führen Sie aber kein Tagebuch über Fehlverhalten. Als Pedant möchten Sie ja nicht in die Annalen der Firma eingehen, oder?

»Locker« und »Regel« – das ist ein Widerspruch in sich. Und das Revier verteidigen? Nö, das ist auch nicht Ihr Ding. Es läuft doch immer irgendwie; wenn nicht, trinken Sie einen Kaffee zusammen, und alles ist gut. Sorgen Sie dafür, dass Sie nicht nur gemocht, sondern auch ernstgenommen werden. Nicht dass Sie mal ein gewiefter Spieler über den Tisch zieht. Nutzen Sie Ihre Kontakte.

Meetings: wo alle reingehen und nichts rauskommt?!

In manchen Unternehmen hängen die Regeln für Besprechungen und Verhandlungen an der Wand, damit sie sowohl Chefs und Mitarbeiter als auch Externe – Geschäftspartner und Kunden – vor Augen haben. Bei Regelverstößen ist zur Erinnerung nur ein Fingerzeig Richtung Wand nötig. Für die Disziplin in internen Meetings sorgen Pflichtbeiträge für die Teamkasse. Ein Euro pro Regelverstoß – da kommt übers Jahr eine schöne Teamparty zusammen.

Sie können in einer Teamsitzung – der Pizzaservice unterstützt Sie gern auch hier – beispielsweise folgende Aspekte besprechen und beschließen:

- Verbindlichkeit: Wer eingeladen wird, kommt. Beschlüsse werden umgesetzt.
- Verschwiegenheit: Nichts dringt von hier nach draußen.
- Umgang mit der Zeit: pünktlich beginnen und enden, Redebeiträge auf das sachlich Notwendige und z. B. eine Minute beschränken, Aufgaben fair verteilen.
- Konzentration: Smartphone ausschalten, körperlich und gedanklich bei der Sache bleiben.
- Sprechweise: ausreden lassen; selbst in harten Diskussionen zielorientiert, konstruktiv und sachlich argumentieren, Gefühle von Inhalten trennen.

Traditionelle und Natürliche schätzen praktikable Regeln, halten die Zeiten ein und erweisen allen Teilnehmern Respekt. Als Traditioneller achten Sie selbst in hitzigen Diskussionen auf Details und analysieren alle verfügbaren Daten. Sie wollen, dass Entscheidungen erst fallen, wenn Für und Wider hinreichend ausgelotet sind. Ihre Verstöße gegen das Gebot »Fasse dich kurz« könnten Sie allerdings ein paar Euro kosten. Als Natürliche legen Sie auf ein gutes Klima Wert, Sie hören die Emotionen hinter den Argumenten und thematisieren sie. Da Ihnen das Team am Herzen liegt, stört es Sie nicht sonderlich, dass Sie durch Verstöße gegen das Gebot »Bleib beim Thema« die Abteilungskasse füllen.

Die Lockeren und die Dynamischen tragen durch ihr kreatives Denken und ihre Initiativen viel zum Ergebnis eines Meetings bei. Als Lockere haben Sie aber Ihren Zeitplan nicht ganz im Griff, verspäten sich, müssen zwischendurch mal telefonieren und unbedingt einen Witz erzählen. Genau wie Sie tragen die Dynamischen durch Zeit- und Formverstöße zum Barvermögen des Teams bei. Als Dynamische laufen Sie Gefahr, autoritär ein Thema an sich zu reißen. Und Sie müssen sicher früher gehen: Der nächste Termin ruft. Sie sind hier aber in einem Meeting, nicht auf der Flucht!

WENN TYP AUF TYP TRIFFT:
MIT STILEN SPIELEN

Kommunizieren ist wie Tanzen: Man teilt sich Raum und Zeit – am besten ohne einander anzurempeln. Bewegen sich die Partner im Takt? Oder hat der eine einen anderen Rhythmus im Blut als der andere? Sie sehen das – z. B. in der Kantine. Eine **traditionelle** Dame setzt sich da nicht einfach; sie gibt ihrem traditionellen Begleiter Gelegenheit, ihr den Stuhl hinzurücken. Und der sitzt nie, solange »seine« Dame steht. Anders die **Lockeren:** Die lümmeln lässig auf ihren Stühlen herum und lassen den lieben Gott einen guten Mann sein. **Dynamische** haben ihr Essen schneller verputzt, als andere gucken können. Und **Natürliche** bereden bei Schnitzel & Pommes – mit Salat! –, wie sie die Welt retten können. Es ginge recht harmonisch zu, wenn wir nur auf Unseresgleichen träfen. Doch wäre das nicht auf Dauer reichlich eintönig? Wie gut, dass es Menschen gibt, die ihre Karten anders mischen als wir. Beharren wir dann auf unserem Spiel, kommen wir nicht weit: So riskiert ein Herr, der partout den Kavalier mimt (»Madame, Sie erlauben?«), dass seine lässige Tischnachbarin das Weite sucht. Und umgekehrt. Das wäre schade, nicht?

Was passt zu mir? Die Frage ist wichtig. Was passt dem anderen? Die Frage ist klug. Denn schon der Evolutionsforscher Charles Darwin fand heraus: Es gewinnt nicht unbedingt der Stärkste und Intelligenteste, sondern der, der sich den Gegebenheiten am geschicktesten anpasst. Nicht gerade ein Aufruf zum Regelbruch? Doch: Erfolgreich sind nicht die, die sich sklavisch anpassen. Es sind die, die Bedingungen als Chancen nutzen und das Spiel führen. Wie der Pokerspieler, der im Pokerface des Gegenübers lesen kann und entsprechend seine Karten spielt. Haben Sie Ihre Karten gemischt?

Sich einstellen – nicht sich verstellen

Wie begegnen Sie geschickt einer Person, die sich **der Tradition verschrieben** hat? Am besten mit Distanz. Überfordern Sie sie nicht mit Gefühlsausbrüchen, üben Sie sich in Zurückhaltung: »Das ist ja total cool, dass Sie schon hier sind.« Nein. Eher: »Das ist eine gute Gelegenheit, mich mit Ihnen auszutauschen.« – »Da haste jetzt aber Muffensausen, was?« Nein. Lieber: »Du hast für das Gespräch mit dem Chef bestimmt alle Unterlagen vorbereitet.« Keine Charme-Attacke, keine Superlative, schon gar nicht in der Umgangssprache: »Supi, ey, ist ja klasse!« – Diese Sprache versteht der Traditionelle nicht. Fakten, Fakten, Fakten sind seine Sache. Beschränken Sie sich darauf; und: Berichten Sie von Ihren Erfahrungen.

Der **Lockere** erhofft sich von Ihnen das Dauersignal: Ich mag dich. Da Sie ihn als Kunden oder Kollegen nicht ständig umarmen können, beschränken Sie sich auf Lächeln, Lachen, schnelle, verbindende Bewegungen. Hier und da ein kleiner Klaps – gut, nicht unbedingt beim Vorstand, doch der zieht im Job ja selten die lockere Karte. »Hallo, ich möchte mich nett unterhalten, da bin ich hier doch richtig, oder?« – »Toll, das müssen Sie mir mal erzählen! Können wir uns vorher zusammen noch schnell die Akte angucken?« Alles, was ihn nicht festnagelt, hört er gern. Tun Sie ihm den Gefallen, treiben Sie ihn nicht durch gezielte Detailfragen in die Enge. Unterhalten Sie ihn lieber mit einer kleinen Anekdote, einer lustigen, klar doch. Und bitten Sie ihn, was Nettes zu erzählen.

Natürliche möchten um Rat oder Hilfe gebeten werden, am liebsten um beides. Formulieren Sie eine Bitte in weichen Worten: »Wäre es Ihnen recht, wenn ich mich zu Ihnen setzte?« Oder: »Hätten Sie eine Idee für mich?« Vorsichtige Wendungen mit »würde« und »wäre« hört er gern. Erfüllt er Ihnen eine Bitte? Das Zauberwort nicht vergessen: »Danke.« Eine weiche, offene Geste dazu öffnet das Herz des Natürlichen. Nur ja nicht durch Drängeln ein schlechtes Gewissen machen! Lassen Sie sich und ihm Zeit, hören Sie ihm gut zu. Nicken. Lächeln. Erläutern Sie, was Ihnen wichtig ist, selbst beim Smalltalk in der Kaffeeküche. »Wusstest du schon, dass der Meier mit der Müller…?« Niemals! Drängen Sie sich nicht mit Vertraulichkeiten auf.

Den **Dynamischen** zuletzt zu erwähnen ist ein Unding, wo er doch auch im Kommunizieren stets Vollgas gibt. »Wäre es Ihnen trotz aller Widrigkeiten möglich, mir noch im Lauf dieser Woche…? usw. usw.« Wollen Sie bei ihm als »Schattenparker« oder »Warmduscher« gelten, sprechen Sie so. Das wollen Sie nicht? Dann bringen Sie Ihr Anliegen auf den Punkt: »Ich brauche Ihren Bescheid bis 17:20 Uhr; ist das machbar?« Der Dynamische hört Ihnen zu, wenn Sie schnell, knackig und in kurzen Sätzen sprechen. Streichen Sie für ihn alle »Eigentlichs« und »Vielleicht-irgendwanns«, jedes »könnte, hätte, wäre« aus Ihrem Wortschatz: »Wird gemacht. Sofort. Okay für Sie?« Das hört er gern.

STEGREIF: **TYPGERECHT SPRECHEN**

Ross und Reiter nennen, zielorientiert formulieren – das hebt Ihren Status im Alltag und im Gespräch. Üben Sie es – am besten zu mehreren und mündlich, um zu prüfen, ob Ihre Stimme jeweils zu den Worten passt. Holen Sie das Knigge-Kartenspiel heraus und variieren Sie Formulierungen passend zu den Stilen. Es ist nie zu spät, so zu sprechen, wie man gern gesprochen hätte.

Aufgabe 1: Geben Sie neutralen Sätzen ein handelndes Subjekt.
Bitte bestimmen Sie Stile und formulieren Sie entsprechend um.

- »Das sollte man sich aufschreiben.« (traditionell)
  - → dynamisch: »Schreib das bitte auf.«
  - → natürlich: »Möchtest du dir eine Notiz dazu machen?«
  - → locker: »Hast du Lust, dir das kurz zu notieren?«
- »Hätte einer Spaß daran, zusammen essen zu gehen?« (locker) → ...
- »Da ist jemandem ein Fehler unterlaufen.« (traditionell) → ...
- »Okay, wird gemacht.« (dynamisch) → ...
- »Na, wie läuft's?« (locker) → ...

Aufgabe 2: Geben Sie Negativem eine positive Wendung.

- »Du glaubst doch nicht im Ernst, dass das so geht.« (dynamisch-negativ)
  - → dynamisch-konstruktiv: »Das geht anders; ich sag dir sofort, wie.«
  - → locker: »Schauen wir mal zusammen, was da noch geht?«
  - → natürlich: »Darf ich dir eine Alternative aufzeigen?«
- »Och nee, darauf hab ich keinen Bock.« (locker) → »Mir wäre lieber ...« usw.
- »Das Projekt ist nicht durchführbar.« (traditionell) → ...
- »Ihre Aussage versteht mal wieder kein Mensch.« (dynamisch) → ...
- »Mit großem Bedauern müssen wir Ihren Antrag ablehnen.« (natürlich) → ...

Grenzsituationen: Da geht's nicht immer cool zu

Ein Leben lang die gleiche Arbeit in der gleichen Position mit den gleichen Leuten – da wäre selbst den Anhängern einer traditionsbewussten Lebensführung zu wenig los im Büro.

Neu im Team: für Newcomer

In den ersten Tagen am neuen Platz sollen Sie nach den dort geltenden Geboten fragen. Nach den Kleider- und Pausenregeln. Nach den Sprachregelungen gegenüber Chefs, Kunden, Kollegen. Sie sollen nicht besserwisserisch auftreten: »Bei uns hat man das so gemacht …«. Sie sollen auf Ihren Mentor hören und nicht jedem Ihr Privatleben auf die Nase binden: »Mein Freund hat vorige Woche …« Sie sollen einen Einstand erst begießen, wenn Sie die Probezeit bestanden haben, und sich bei der Frage »Sekt oder Selters?« an die Gebräuche halten. Mit diesen Ratschlägen will die Etikette Ihnen den Weg in den neuen Job ebnen. Sie kannten sie sicher. Und haben Sie sich beim letzten Jobwechsel daran gehalten? Nein? Dann haben Sie vermutlich Ihre Stärken nicht gezielt eingesetzt.

Kommen Sie locker, lässig und herzig daher, werden Sie als Sonnenschein betrachtet und nicht als Rivale aus der Distanz beäugt. »Kommst du mit in die Kantine? Und abends zum Squash?« Das geht flott. Schwupps, und Ihr Nähkästchen ist weit geöffnet. Schnell wird in der Firma bekannt, mit wem Sie schon und wie lange und warum jetzt nicht mehr. Lieber mal den Mund halten.

Treten Sie eher dynamisch, initiativ, zielstrebig auf? Dem Chef wird's gefallen, den Kollegen wohl weniger. Sie haben den Kopf voller neuer Ideen; geben Sie sie nicht gleich alle preis. Beobachten Sie lieber, in welchen Konstellationen und wann es für Sie selbst zielführend ist, dass Sie Ihre geballte Dynamik an den Tag legen. Nicht dass jemand Ihnen jetzt auf die Karrierebremse tritt.

Sind Sie von natürlichem Anstand geprägt, freundlich und praktisch veranlagt? Dann kann man Sie in jedem Team gut gebrauchen – auch für unbeliebte Jobs: Teeküche aufräumen, Post holen, usw. Das macht Sie zu einem angenehmen Kollegen, hebt aber auf Dauer nicht gerade Ihren Status. Sie dürfen sich ruhig mal ungeschickt an- oder einfach dumm stellen.

GEGEN SCHIKANEN IST EIN KRAUT GEWACHSEN: SICH WEHREN

Wo es menschelt, sind leider auch negative Gefühle nicht weit. Fühlen Sie sich im Job schikaniert oder sogar gemobbt? Prüfen Sie, ob die Kritik der Kollegen nicht doch berechtigt ist. Wenn nein: Holen Sie sich Hilfe, sofort. Nicht bei Freunden, sondern bei Fachleuten: beim Betriebsrat, bei der Gewerkschaft, bei einer Rechtsberatung, im Internet (▶ S. 159).

Als Traditioneller gründen Sie Ihr Handeln auf Ihre Erfahrung. Die haben Sie im neuen Job noch nicht. Sammeln Sie die für Sie wichtigen Details und Fakten. Machen Sie sich Notizen. Arbeiten Sie diese notfalls am Feierabend durch. Und trauern Sie nicht Ihrer alten Stelle nach: Es hat einen Grund für den Wechsel gegeben.

Liebe im Büro: wenn es Sie erwischt hat

Je mehr die Menschen arbeiten, desto mehr wird der Arbeitsplatz zur Kontaktbörse. Für den Fall, dass »es funkt«, rät die Etikette:

1. Gehen Sie diskret vor, besonders wenn Sie offiziell anderweitig gebunden sind.
2. Im Ernstfall wechselt einer der Partner die Abteilung.

Damen und Herren der alten Schule fällt Contenance nicht schwer. Von ihrer Disziplin kann so mancher lernen, der sein Herz im Team verlor. Wundern Sie sich aber nicht über Irritationen, wenn Sie – für die Kollegen unvermittelt – Ihre Hochzeit ankündigen.

Manche Kollegen begleiten eine Paarbildung mit Freude oder Verständnis, andere mit Neugier, Eifersucht oder Entrüstung; für die Natürlichen ist jedes Gefühl menschlich. Setzen Sie sich aber den Emotionen der Kollegen nicht unnötig aus. Schützen Sie Ihre

Intimsphäre. Begründen Sie später, warum Sie sich mit Informationen aus der Beziehungskiste zurückgehalten haben.

Das gilt auch für Lockere. Es macht Ihnen ja nichts, wenn man über Sie spricht. Doch ob es wirklich förderlich für Ihren Ruf und Ihren Status ist, wenn immer wieder andere Kolleginnen auf Ihrem Schoß sitzen? Warten Sie bis zur Mittagspause im Park.

Ach was, winken die Dynamischen ab: »*No risk, no fun.*« Verliebtheit macht Sie aber vollends blind für Signale Ihrer Umgebung. Wollen Sie Karriere machen? Halten Sie sich mit heißen Küssen (anders küssen Sie ja bestimmt nicht) im Büro zurück.

Feste feiern, ohne umzufallen

»Es muss das Herz bei jedem Lebensrufe / Bereit zum Abschied sein und Neubeginne.« Das stimmt zwar, doch was hilft es, wenn die Kollegen bei Ihrer Verabschiedung Hermann Hesses Gedicht »Stufen« zitieren? Scheiden tut nun mal weh. Generell sind Feste – hoffentlich – mit Emotionen verbunden. Damit aber niemanden seine Gefühle völlig übermannen, gibt man ihnen eine Struktur: Ob Beförderung, runder Geburtstag, Jubiläum oder Abschied – gut organisiert ist bestens gefeiert.

Für Top-Führungskräfte werden Feste von der Firma ausgerichtet; da bleiben Sie nur mit Ihrer Rede (▶ ab S. 114) in Erinnerung. Bitten Sie jedoch selbst zur Feier, laden Sie am besten jeden Gast persönlich ein; vom Aushang am Schwarzen Brett fühlt sich kaum jemand angesprochen. Ob Sie Champagner mit Kaviar oder selbst gebackenen Kuchen servieren, hängt von den Gebräuchen in Ihrer Abteilung ab – und natürlich von Ihrem Geldbeutel.

Wenn Sie als Lockerer im Abteilungskühlschrank drei Flaschen Sekt mit dem Hinweis deponieren »Bin Vater geworden. Prost! Karsten«, riskieren Sie erst gar nicht, dass die Emotionen im Kollegenkreis überborden. Doch würde Ihnen ein mit Bussi überreichter

Strampler nicht mehr Freude machen als das auf einen Zettel gekritzelte »Danke«? Also kein Aufheben, aber wenigstens ein Umtrunk.

Als Dynamische haben Sie weder Zeit zum Organisieren einer Party noch den Kopf dafür frei. Buchen Sie einen Caterer, statt Wein aus Pappbechern zu servieren. Von Ihnen wird eine peppige Rede erwartet. Nennen Sie die Vertreter der Geschäftsleitung in der korrekten Reihenfolge; so viel Zeit muss sein. Trumpfen Sie nicht auf, lassen Sie andere von Ihren Heldentaten berichten.

Ein von Traditionellen gestaltetes Fest läuft wie am Schnürchen: Die Einladung ist formvollendet, die Getränke sind kühl, die Speisen selbst bei kleinem Budget delikat und fachmännisch dekoriert. Machen Sie aus Ihrem Herzen keine Mördergrube: Liebenswerte Worte können auch Sie sprechen. Sollte dann ein Tränchen kullern – es ist schnell getrocknet.

Als Natürliche sehen Sie, natürlich, u. a. vegetarische Speisen und alkoholfreie Getränke vor: Sie denken ja an jeden. Treten Sie gewohnt zurückhaltend, aber nicht allzu bescheiden auf: Sie sind heute das Zentrum des Geschehens. Bei Ihrer Verabschiedung darf ein kleiner Wermutstropfen in Ihrer Ansprache ruhig sein.

DAMIT EIN **FEST NICHT** ZUM **KARRIEREKILLER** WIRD

Ein Gläschen in Ehren, dann zwei Gläser zu viel, und schließlich der Tanz auf dem Tisch? Beim Betriebsfest sind harmonieliebende Locker-Lässige in ihrem Element. Gehen Sie sicherheitshalber zusammen mit einem traditionellen oder natürlichen Kollegen dorthin und bitten Sie ihn, Sie freundlich zu warnen, wenn Sie so allmählich über die Stränge schlagen. Denn irgendeiner merkt sich's immer. Und stellt Ihnen später ein Bein.

SAGEN SIE MAL: **WER IST** HIER EIGENTLICH **DER CHEF?**

»Bei gleicher Leistung wirkt sich Ähnlichkeit als Plus, Unähnlichkeit hingegen als Minus aus.« So resümiert der Psychologieprofessor Dieter Frey die Chancen auf einen Aufstieg in die Top-Etagen der Wirtschaft. Dabei kommen, so der Elitenforscher Professor Michael Hartmann (▸ S. 159), vier Merkmale zum Tragen:

1. Der Kandidat sollte die Verhaltens- und Dresscodes – die Konventionen – der Zielgruppe beherrschen. Das gilt für Autoverkäufer und Apotheker wie für Bewerber in eine Punkgruppe.
2. Er sollte, wenn er eine Führungsrolle in der Wirtschaft anstrebt, über eine breite bürgerliche Allgemeinbildung verfügen. Die braucht der Punk wohl nicht. Die weiteren ermittelten Fähigkeiten sind aber auch dort hilfreich:
3. ausgeprägt unternehmerisch – mutig – denken sowie
4. souverän und selbstsicher auftreten.

Fazit: Personen, die die Konventionen beherrschen und selbstbewusst damit spielen, haben bessere Chancen als andere. Und somit haben wir für die Idee des »Knigge für Individualisten« Rückendeckung aus der Wissenschaft.

Stellen Sie sich vor, Sie stellen sich vor

Sie wollen einen neuen Job? Bücher und das Internet bieten eine Fülle von Tipps für erfolgreiche Bewerbungen. Online oder Bewerbungsmappe? Initiativ oder Antwort auf Stellenanzeige? Als Schulabgänger mit schlechten Noten oder für eine Führungsrolle nach Ihrer Elternzeit? Bewerbungsexperten haben auf jede Spezialfrage eine Antwort. Prüfen Sie auch, welches Vorgehen bereits erfolgreicher (Mit-)Bewerber zu Ihnen selbst passt.

Fachkompetenz ist das A, Ausstrahlung das O im Bewerbungsgespräch – das ist nicht neu. Und bei allem Bemühen um objektive Kriterien lässt sich der »Nasenfaktor« bei der Entscheidung für oder gegen einen Bewerber nicht umgehen. Sprechen Sie so, dass Ihr potentieller Chef Sie verstehen kann (▶ S. 60/61).

Als Dynamische und Lockere haben Sie auch im Vorstellungsgespräch kein Problem damit, sich gut zu verkaufen: »Sie sagten, es gibt 300 Bewerber auf zwei Stellen? Dann brauchen Sie ja nur zu überlegen, wen Sie außer mir nehmen.« Manchem Personalchef imponiert das. Hören Sie den Entscheidern aber genau zu (auch wenn das nicht Ihre Stärke ist), bevor Sie so kecke Sprüche loslassen: Sind sie wirklich so dynamisch und locker drauf wie Sie? Nicht dass ein bescheidenerer Kandidat den Zuschlag bekommt.

Die Chemie muss stimmen: Weder als Traditionelle noch als Natürliche laufen Sie Gefahr, anderen nach dem Mund zu reden. Sie brauchen aber bei der Darstellung Ihres Lebenslaufs nicht im Babyalter zu beginnen. Durchforsten Sie die Informationen, die Sie geben wollen, gemäß dem Ziel, das Sie anstreben. Und üben Sie, sich kurz zu fassen. Immer wieder.

DIE **PERSPEKTIVE WECHSELN:** GAR NICHT SO VERRÜCKT

Nur wer aus dem Rahmen tritt, sieht das ganze Bild. Stimmt, selbst wenn's ein bisschen pompös klingt. Verrücken Sie mal probeweise den Rahmen des Gewohnten: Wie würden Sie sich kleiden, wenn Sie Chefin oder Chef wären? Wie würden Sie Ihre Körpersprache gestalten? Wie würde Ihre Stimme klingen? Welche Wörter würden Sie benutzen? Und nun verhalten Sie sich mal ein bisschen wie Chefin oder Chef. Sie werden schon nicht gleich verrückt werden.

»Bei gleicher Leistung wirkt sich Ähnlichkeit als Plus, Unähnlichkeit hingegen als Minus aus.« Wer bekommt wohl den Job?

Seelennahrung: Feedback geben und nehmen

»Feedback« bedeutet Rückmeldung und ist an sich wertneutral. Warum scheuen so viele Leute davor zurück? Weil sie zwar wissen, dass *to feed* füttern heißt, aber nicht glauben, dass eine Rückmeldung die Seele nährt. Weil sie fürchten, dass ihnen jemand »was reinwürgt«. Feedback kann man aber wirklich positiv sehen.

Für Mitarbeiter: Feedback (an)nehmen

Sie hören jeden Tag Rückmeldungen: »Wie lieb von dir, danke.« »Geht das nicht schneller?« usw. Sie schließen daraus, was Ihre Vorgesetzten und Kollegen von Ihnen denken. Doch was wissen Sie wirklich? Nicht viel. Die Etikette empfiehlt daher: Verschaffen Sie sich Klarheit: »Was genau hat Ihnen gefallen?« oder »Was meinst du damit?« Und das vor allem, wenn's offiziell um Ihre Karriere geht: beim Personalgespräch. Da sollten Sie nach Expertenrat

- sich vorbereiten, auch auf unangenehme Fragen und Kritik,
- Notizen machen, vorher und währenddessen, und
- Fragen stellen:»Was bedeutet das? Was genau gefällt Ihnen? Was erwarten Sie? Was bieten Sie?«

Dynamische halten gern das Heft in der Hand. Lassen Sie aber zuerst den Chef reden. Lockere nehmen sogar Personalgespräche auf die leichte Schulter. Vorteil: Sie schlafen gut in der Nacht davor. Nachteil: Sie verschlafen vielleicht eine Chance. Wenn Ihr Chef moniert, dass Ihre Ordner im Regal überstehen: Lachen Sie das nicht weg. Finden Sie heraus, warum ihm das so wichtig ist. Traditionelle sind auf das – wichtige! – Gespräch bestens vorbereitet. Ihr Risiko: Wenn Sie auf Problemen der Vergangenheit herumreiten, versäumen Sie es, Weichen für die Zukunft zu stellen. Natürliche haben Verständnis für den Vorgesetzten, sogar wenn er ihnen eine Gehaltserhöhung verweigern muss. Ihre Führungskraft sollte Sie weder gängeln noch ohne Orientierung vor sich hin arbeiten lassen, sondern Sie – genau – führen. Helfen Sie ihr dabei.

Für Vorgesetzte: Feedback geben

Mitarbeiter fürchten Feedback, weil sie sich auf dem Prüfstand fühlen. Doch warum drücken sich Führungskräfte oft davor, Feedback zu geben? Weil sie fürchten, dass Kritik demotiviert und Lob Forderungen nach sich zieht? Sie brauchen für ein zielführendes Feedback – auch im Jahresgespräch – nur fünf Gebote zu befolgen:

1. Sei sachlich und konkret.
2. Lass den Feedbacknehmer seine Sichtweise darlegen.
3. Mach ihm die Folgen seines Verhaltens deutlich.
4. Sei verbindlich und klar.
5. Biete ihm eine positive Aussicht.

ERST DENKEN, DANN HANDELN:
DIE MENTALE SEITE

Sie wollen sich weder verbiegen noch verstellen, richtig? Sie wollen voran-kommen, auch richtig? Ihre Persönlichkeit liegt da wie eine Partitur, die eine Gruppe von Komponisten geschrieben hat: der »liebe Gott«, Ihre Gene, Ihre Kindergärtnerin, Ihr Mathelehrer oder wer auch immer. Sie ist die Basis für Ihr Handeln. Und Sie können sie frei interpretieren. Sie können die Noten in Töne umsetzen, mal schneller, mal langsamer, lauter oder leiser, sanfter oder härter.

Bedauern Sie, dass Sie für den Umgang mit Lockeren nicht lässig genug oder zum Führen des dynamischen Chefs nicht flott genug sind? Schade. Die Beatles haben auch nicht beklagt, weder Bach noch Mozart zu sein. Spielen Sie und bauen Sie Ihre Möglichkeiten aus: Etwas besser geht immer. Nutzen Sie, wenn Sie Neues ausprobieren, Ihre Kernkompetenzen: Denken Sie nicht anders, sondern nur in mehr Richtungen als bisher.

Nehmen Sie sich als **Natürliche** vor, einen flotteren Ton anzuschlagen? Verzich-ten Sie auf das Mantra »Heiterer und schneller«. Gehen Sie mit sich selbst so gut um wie mit anderen: »Wenn du dich ganz natürlich auf dein Gegenüber einstellst, entwickelst du dich vor selbst in die richtige Richtung.«

Als **Dynamische** setzen Sie sich unter Zeit- und Erfolgsdruck. Weise Ratschläge à la »Mach mal halblang« bringen Ihnen nichts. Investieren Sie Ihre Kraft wie immer, auch wenn Sie z. B. langsamer sprechen wollen. Treiben Sie sich wie immer an: »Streng dich an, dann schaffst du sogar das Langsame.«

Sie wollen als **Lockere** genauer arbeiten, zielorientierter formulieren, Ihre Post nach Plan abarbeiten? Und sagen sich schon eine Weile »Du musst präzise und bedächtig sein«? Lassen Sie es bleiben. Ihnen hilft ein Leitsatz aus Ihrem Weltbild besser: »Nimm's locker, mach's. Jetzt? Okay … jetzt.«

Als **Traditionelle** beschließen Sie bitte nicht, die Dinge künftig cool anzugehen; Sie würden scheitern. Sie sollten aber tatsächlich verhindern, dass Ihnen z. B. ein lockerer Kunde abspringt. Bereiten Sie sich vor gemäß der Devise: »Wenn du deine Erfahrungen einbringst, kannst du die Situation gestalten.«

Feedback von der Chefin: vier Typen unter der Lupe

Sagen wir, die Chefin, Frau Meier, will, dass ihre Mitarbeiterin, Frau Müller, ihre Dauertelefonate mit der Tochter abstellt. Als traditionelle Vorgesetzte ist sie für das Feedback-Gespräch umfassend informiert. Es ist ihr ein Leichtes, sachlich, ohne Vermutungen und Vorhaltungen zu argumentieren. Sie sollte aber bei aller Genauigkeit der Darstellung nicht versäumen, abschließend das Ziel deutlich herauszustellen: »Für die Akte: Wie verbleiben wir?«

Als dynamische Chefin kann Frau Meier Fehlverhalten vorbehaltlos benennen: »Ich höre bis in mein Büro, wie Sie mit Ihrer Tochter am Telefon die Deutschaufgaben lösen.« Fordern fällt ihr nicht schwer: »Ich wünsche, dass Sie das unterlassen.« Sie sollte nur nicht vergessen, einen positiven Rahmen zu schaffen: »Frau Müller, ich schätze Sie als Mitarbeiterin.« Und sich davor hüten, im Eifer des Gefechts den Charakter der Dame (»Was sind Sie doch für eine Glucke!«) abzuwerten.

Als natürliche Chefin hält sie mit ihrer Enttäuschung nicht hinter dem Berg: »Frau Müller, ich schätze Sie sehr, vor allem wegen Ihrer Loyalität, Ihres Teamgeists und Ihrer freundlichen Art den Kunden gegenüber; eine Verhaltensweise betrübt mich allerdings sehr.« Sie sollte sich aber weder auf ein Klagelied noch auf eine Wertediskussion einlassen, sondern bei der Sache bleiben: Frau Müller wird fürs Arbeiten bezahlt, oder?

Ist Frau Meier eine Lockere, macht sie keine großen Umstände: »Frau Müller, ich finde Sie klasse. Nur: könnten Sie nicht mal …?« Frau Müller wird es ihr danken, dass es war wie beim Zahnarzt: Wieder nicht gebohrt. Doch ob Frau Müller ihr Verhalten jetzt ändert? Vorbeugen ist besser als Nachbohren: Es ist für alle zielführender, wenn die Vorgesetzte der Mitarbeiterin die negativen Folgen ihres Fehlverhaltens klarmacht: schlechte Stimmung im Team, unzufriedene Chefin, unerledigte Aufgaben.

BITTE RECHT FREUNDLICH: DAMIT ES **KÖNIG KUNDE** GUT GEHT

Stellen Sie sich vor, Sie empfangen: den Papst, einen Kardinal, einen Bischof und einen Gemeindepfarrer. Gut, die Herren werden kaum bei Ihnen auftauchen, außer vielleicht Sie vertreiben Messgewänder. Vom Protokoll her aber wäre die Begrüßung ein Kinderspiel. In jedem hierarchisch strukturierten System – Staat, Kirche, Militär, manche Firmen – regelt es, wem eine Vorzugsbehandlung zusteht: der Königin, dem Fünfsternegeneral, dem Vorstand. Für Nichtkatholiken: Im Beispiel oben ist es der Papst; die anderen Geistlichen sind hierarchisch absteigend genannt. Im Alltag fehlt meist so ein hilfreiches Sortierungsmuster. Dafür gibt es, sozusagen als kleine Schwester des Protokolls, die Etikette: Sie schaut sich das Muster ab, das zum Frieden beiträgt, und überträgt es auf den Alltag, damit der nicht im Chaos endet.

Etikette bei Kundenalarm

Zur Erinnerung für Mitarbeiter und Führungskräfte: Ihr Gehalt wird vom Kunden bezahlt. Er sollte Ihnen deshalb noch lieber und noch teurer sein als Ihr Chef, der Ihr Gehalt nur bestimmt. Der Kunde ist König – hoffentlich verhält er sich auch so.

Den Kunden wie einen König behandeln

Es ist einfach, Kunden etikettegerecht Respekt zu erweisen: Sobald Sie sie sehen, grüßen Sie. Reichen Sie mehreren Kunden die Hand, fangen Sie mit dem ranghöchsten an und gehen dann – sehr praktisch – der Reihe nach vor, so wie jeder gerade steht (▶ ab S. 29). Ist der Ranghöchste nicht auszumachen, Ihnen aber einer seiner Mitarbeiter bekannt? Lassen Sie sich vorstellen (▶ ab S. 75).

Empfangen Sie Kunden in Ihrem Revier? Behandeln Sie sie wie Ihre Gäste zu Hause (▶ ab S. 34) – ob es Damen oder Herren sind und ob Sie selbst Frau sind oder Mann. In Dienstleistung und Gastgeberschaft ist das Geschlecht zweitrangig.

Platzieren Sie Kunden, Kollegen und sich selbst am Besprechungstisch? Orientieren Sie sich an grundsätzlichen Befindlichkeiten (▶ ab S. 36) und an etwas Basiswissen in Raumpsychologie:

- ◐ Ein runder Tisch fördert die Harmonie mehr als ein eckiger.
- ◐ Eine frontale Sitzordnung fördert die Konfrontationsbereitschaft der Gesprächsteilnehmer.
- ◐ Plätze nebeneinander fördern die Allianz zwischen den Sitznachbarn (gegebenenfalls gegen die Allianz gegenüber).
- ◐ Eine Anordnung der Plätze im Winkel – »über Eck« – fördert die Kooperation, ist also im Normalfall ideal.

Wie können Sie mit diesem Wissen spielen? Vertreter der alten Schule haben das Dame-Herr-Spiel im Blut und die Überzeugung im Kopf: »*Ladies first,* vor allem in vermintem Gelände.« Nein, natürlich: außer in gefährlichen Situationen. Sie kommentieren ihr Vorgehen mit gesetzten Worten: »Sie gestatten?« Und sie wirken dabei stimmig, zumal sie sich gerade halten und ihre klassische Kleidung tragen wie eine zweite Haut. Als Dienstleisterin machen Sie sich jedoch lächerlich, wenn Sie einem Kunden zu verstehen geben, er möge doch bitte die Büroklammer aufheben, die Ihnen aus der fein manikürten Hand geglitten ist. Ach so, Ihr Motto ist: »Eine Dame bückt sich nicht.«? Dann verhalten Sie sich bitte wirklich formvollendet: Eine Dame lässt doch nichts fallen.

Gehören Sie zur Lockeren-Fraktion, planen Sie ungern Ihr Vorgehen. Aber seien Sie so nett und gönnen Sie Ihrem Besuch Orientierung. Stellen Sie sich als Gruppe so auf, dass andere Ihr Ordnungsprinzip verstehen. Sie wollen ja nicht gängeln, machen Sie deshalb nur Vorschläge: »Setzen wir uns, Sie dort, ich da?«

Als Natürliche sind Sie im Konflikt: Sie wollen anderen Respekt erweisen, wissen aber: Hände übertragen Krankheitskeime. Wollen Sie andere schützen, müssen Sie auf den Handschlag verzichten. Das können Sie mit Freunden besprechen, mit Kunden nicht. Oder wollen Sie neben das Rauchverbotszeichen ein Schild an die Tür kleben: »Bazillenalarm: keine Hände schütteln!«?

Steht der Ranghöchste einer Gruppe nicht direkt vor Ihnen? Als Dynamischer begrüßen Sie den Nächstbesten zuerst; so riskant wird's schon nicht sein. Doch überlegen Sie lieber kurz, ob Ihr zügiges Vorgehen wirklich zielführend ist. Wenn Sie sich gegen das erwartete Verhalten entscheiden, sollte nachvollziehbar sein, dass Sie das bewusst tun und nicht, weil Sie keine Manieren haben.

And the winner is ...: Kunden wertschätzen

Wenn Sie einen Kunden mit seinem Namen ansprechen, heben Sie seinen Status gegenüber weniger »namhaften« Personen. Und da Sie seinen Namen kennen und so die direkte Brücke zu ihm schlagen können, heben Sie Ihren eigenen Status gleich mit.

Niemals en passant: sich präsentieren

Bei der ersten geschäftlichen Begegnung ist es üblich, sich mit Vor- und Nachnamen, aber ohne Grad oder Titel (Dr., Konsul, Prinz usw.) vorzustellen und Visitenkarten auszutauschen. Das ist international Sitte, respektvoll und praktisch. Lockere vergessen ihre Karten ab und zu – schade, denn so verschenken sie ihren Status. Wie unangenehm für andere, erst beim Abschied zu erfahren, dass der Gast, der sich so nett als ›Till Jahn« präsentiert hat, korrekt mit »Herr Dr. Jahn« anzureden gewesen wäre und der Chef der ganzen Firma ist. Von der Karte hätte man es abgelesen. Bringen Sie andere nicht in die Bredouille, outen Sie sich.

Auch Natürliche tragen ihren Status nicht wie ein Reklameposter vor sich her. Doch es zeugt nicht von Respekt, wenn Namen und Positionen in bescheidenem Genuschel untergehen. Sie würdigen fremde Visitenkarten mit einem kurzen Blick, richtig? Und wiederholen Namen, auch richtig? Dann helfen Sie anderen, das ebenfalls zu tun. Geben Sie Ihrem Gegenüber Ihre Karte und berücksichtigen Sie bei der Vorstellung, was die Hirnforscher wissen:

1. Mehr als circa fünf Informationen am Stück kann das menschliche Gehirn nicht aufnehmen.
2. Von der ersten Aussage wird die Stimmung wahrgenommen. Sonst so gut wie nichts.
3. Was zuletzt gehört wird, bleibt im Ohr.

Halten Sie Ihre Vorstellung also kurz. Beginnen Sie freundlich und ohne bedeutenden Inhalt »Schön, dass Sie da sind.« Dann helfen Sie den anderen, Sie einzuordnen; nennen Sie Ihre Funktion: »Ich bin der Assistent von Frau Klar, ich begleite Sie zu ihr.« Jetzt das Finale: »Mein Name ist Daniel Lehn.«

Traditionelle zücken als Besucher oder Rangniederer ihre Visitenkarte, überreichen sie so, dass das Gegenüber sie lesen kann, ohne sie zu drehen, legen sie im Meeting entsprechend den Plätzen der Teilnehmer auf den Tisch. Gut so. Nicht so gut ist, wenn Sie Ihren Vornamen verschweigen, weil Ihnen das »zu persönlich« wäre. Sie signalisieren durch Ihr Verhalten deutlich genug, dass Sie auf Annäherungen keinen Wert legen.

Dynamische Menschen scheuen sich nicht, in den Vordergrund zu treten: »Hier bin ich, das kann ich, so heiße ich.« Fassen Sie sich bei Ihrer Selbstpräsentation kurz, selbst wenn die anderen wissen müssen, dass Sie wichtig sind. Knapp und knackig formulieren, das können Sie ja sonst auch. Und vielleicht ist da sogar jemand, der noch wichtiger ist als Sie. Und der ein bisschen mehr Zeit in Anspruch nehmen will oder soll oder darf … als Sie.

AUS ÜBERZEUGUNG:
SICH SELBSTBEWUSST VORSTELLEN

Suchen Sie sich bitte eine Situation aus, in der Sie sich in Ihrem Alltag vorstellen dürfen oder müssen: einen Besuch bei Neukunden, eine Besprechung, ein Seminar, eine Party, ein Flirt an der Bar. Auf geht's: Stimmung erzeugen, Ihre Funktion bzw. Ihren Nutzen für Ihr Gegenüber erklären, Vor- und Nachnamen nennen. Merken Sie, wie schwer es ist, seinen Namen so prominent in den Raum zu stellen? »Sag deinen Namen und halt den Mund.« Das ist so einfach. Und so schwer. Und so lohnend. Denn: Wenn Sie selbst schon nicht von sich überzeugt sind – wer sollte es dann sein?

Wer ist denn das schon wieder? Bekannt machen

Wissen ist Macht. Vor anderen etwas erfahren heißt einen höheren Status haben bzw. zugewiesen bekommen. Deshalb lautet die Etikette-Grundregel zum Bekanntmachen: Die wichtigste Person wird zuerst informiert. Als Vermittler brauchen Sie nur

1. zu definieren, wem Sie die Priorität geben (wollen), und
2. die andere(n) Person(en) ebenfalls zu informieren.

Bringen Sie Ihre Führungskraft, einen Mitarbeiter oder einen Kollegen mit einem Kunden zusammen? König Kunde wird auf jeden Fall zuerst informiert: »Schön, dass Sie sich kennenlernen. Unser Vorstandsvorsitzender, Herr Jakob Acker«. Danach erst erfährt Herr Acker, wer der Kunde ist: »Der Geschäftsführer der Kaiser GmbH, Herr Steffen Sass.« Wenn Sie Ihre Frau gewöhnlich auf Händen tragen, ist das toll. Bei einer Begegnung mit einem Ihrer Kunden, z. B. im Theaterfoyer, zieht sie aber – zeitweise – den Kürzeren; geben Sie dem Kunden Vorsprung: »Darf ich Ihnen meine Frau vorstellen?«

Bringen Sie Kunden untereinander ins Gespräch? Sortieren Sie, wie Sie das z. B. von S. 28 kennen, und informieren Sie

- erst die anwesenden Personen, dann die hinzukommenden,
- die (wesentlich) älteren Personen vor den jüngeren,
- Damen vor Herren.

Traditionelle mögen Struktur, Natürliche zeigen Respekt mit kleinen Gesten und wohldosiert. Dynamische analysieren schnell; ein kurzer Check, ob die Analyse stimmt, könnte aber nicht schaden. Lockere würden sich lieber aus der Affäre ziehen – mit einem lustigen: »Sich vorstellen können Sie doch selbst am besten.« Nichts da, hier bleiben! Handeln. Sagen Sie »bekannt machen« statt »vorstellen«, das stellt Augenhöhe her und klingt nicht so förmlich.

Anredeformen? Nicht nur eine Sache der Einstellung!

Wenn Sie oft Kontakt mit hochrangigen Politikern, Geistlichen, Militärs oder Akademikern haben, kennen Sie die Anredeformen aus dem Effeff. Haben Sie selten mit ihnen zu tun, schlagen Sie auf S. 80/81 die gängigen Titel und Grade nach. Weniger gängige leiten Sie aus den Beispielen ab. Im Bürgerlichen Gesetzbuch würden Sie die Anredeformen vergeblich suchen. Wir sprechen hier vom Gesetz der Höflichkeit. Und die ist bekanntlich freiwillig.

Das lesen Traditionelle sicher nicht gern. Für Sie ist es selbstverständlich, Anreden korrekt zu wählen. Was Grad- und Titelträger zu schätzen wissen. Verzichten Sie aber bitte auf Formen, die Sie aus alten Filmen oder Operetten kennen: Der »Herr Graf« ist heute vielleicht der Vater der Tennislegende oder sonst ein Mensch mit dem Familiennamen Graf. Denn, für die Präzisen unter Ihnen: Adelstitel werden nicht (mehr) mit dem heute bürgerlichen Anredewort »Frau« oder »Herr« verknüpft. Und ein »Gnä' Frau« zum Twen in Jeans und Lederjacke mag Ihrem persönlichen Stil entsprechen, gefallen wird die Anrede der jungen Frau eher nicht.

ANDERE **LÄNDER,** ANDERE **ANREDEN**

In anderen Sprachen wird der Umgang mit Vor- und Nachnamen oft anders gehandhabt als im Deutschen. So ist die Variante Vorname plus »Sie« z. B. in Frankreich gängig: »Marie, *comment allez-vous?*« (Wie geht es Ihnen, Marie?). Redet ein türkischer Kunde Sie mit »Frau«/»Herr« plus Vorname an, ist das nicht respektlos, sondern ein Zeichen seiner Ehrerbietung. Sie können ruhig bei Ihrer üblichen Anredeform bleiben. Vorsicht im Englischen: Eine Anrede mit Vornamen entspricht nicht unbedingt dem deutschen »Du«. Bitte dem guten John, der sich ohne Nachnamen vorstellt, nicht gleich auf die Schulter klopfen.

Wer die traditionelle Knigge-Karte nicht so gern spielt, mag selbst die von der zeitgemäßen Etikette empfohlenen Anredeformen nicht. Natürliche ziehen bestenfalls vor einer akademischen Leistung den Hut, aber sicher nicht vor »blauem Blut«. Dynamische lassen sich am ehesten von ihrem Ziel lenken: Wer einem Kunden etwas verkaufen will, muss seine Bedürfnisse befriedigen: »Herr Senator, einfach hier unterschreiben.« Als Lockere fragen Sie am liebsten, welche Anrede Ihrem Gegenüber gefällt: »Wie soll ich Sie ansprechen?« Diese Idee ist hervorragend. Es hebt aber Ihren Status eher – und den des Grad- bzw. Titelträgers gleich dazu –, wenn Sie sich vorher über die Sitten und Gebräuche schlau machen und gleich so beginnen können: »Herr Professor Jürgens, ist es Ihnen recht, wenn ich Sie so anspreche?«

Keine Eiszeit: Smalltalk für ein gutes Klima

Schaffen Sie in Beratungsgesprächen, bei Besprechungen, selbst bei unangenehmen Verhandlungen eine gute Atmosphäre; fallen Sie nicht mit der Tür ins Haus. Diese Etikette-Empfehlung gefällt Lockeren und Natürlichen: Für sie ist der Mensch Mittelpunkt –

ANREDEN – BITTE RECHT HÖFLICH

Faustregeln

1. Bei akademischen Graden nennt man – vom »Dr.« aufwärts – in der Anrede nur den höchsten; er steht zwischen »Frau« bzw. »Herr« und dem Namen: »Herr Dr. Jung«. »Professor« wird in der Anrede ausgeschrieben, »Dr.« nicht.

2. Mandats-, Amts- und Ehrentiteln wird »Frau« bzw. »Herr« vorangestellt; der Name entfällt: »Frau Bürgermeisterin«.

3. Herrn Dr. Roths Ehefrau ist nur dann »Frau Dr. Roth«, wenn sie selbst promoviert ist, die Frau des Senators »Frau Senatorin« nur, wenn ihr dieser Titel verliehen wurde. Am Standesamt gibt es weder Titel noch Grade, Ausnahme: Adelsbezeichnungen gehen auf Ehepartnerin und Kinder über.

4. Vor Adelstiteln entfallen »Frau« und »Herr« (schriftlich wie mündlich), bei adligen Damen kann der Familienname wegfallen: »Prinzessin (Melba)«.

5. Die Kombination von akademischem Grad (»Dr.«) und Titel ist nur bei Adligen möglich: »Frau Ministerin«, aber »Dr. Gräfin Kitz«.

6. Schließen Sie nicht aus der Selbstvorstellung auf die erwartete Anrede: Die Bescheidenheit gebietet es, sich und Lebenspartner nur mit Vor- und Nachnamen – ohne jedes Drumherum – zu präsentieren.

Die komplette Übersicht über die Anreden und Anschriften von Titelträgern sowie weitere Protokollfragen bietet das Bundesministerium des Inneren im Internet (▶ S. 159). Bei Adligen verwenden Sie eine Form analog zu den Beispielen der folgenden Liste und fragen dann nach dem persönlichen Wunsch.

	Anrede mündlich/schriftlich	Anschrift im Adressfeld
Politik		
Bundes-kanzlerin	Frau Bundeskanzlerin	Frau Bundeskanzlerin/ (Dr.) Angelika Mark[1]
Bundes-minister	Herr (Bundes-) Minister (schriftlich nur: Herr Bundesminister)	Bundesminister für Umwelt und Verkehr/ Herrn (Dr.) Timo Bauer[1]

	Anrede mündlich/schriftlich	Anschrift im Adressfeld
Bürger-meisterin	Frau Bürgermeisterin	Bürgermeisterin der Stadt Alb/ Frau (Dr.) Sigrun Lang[1]
(Bundestags-) Abgeordneter	Herr (Bundestags-) Abgeordneter	Mitglied des Deutschen Bundestags/ Herrn (Dr.) Volker Wolf
Kirche		
Bischof	Exzellenz ‡ Herr Bischof	Seiner Exzellenz/ Herrn (Dr.) Joachim Groß
Pfarrer	Herr Pfarrer ‡ Herr (Dr.) Ott	Herrn Pfarrer/(Dr.) Friedrich Ott
Pastorin	Frau Pastorin ‡ Frau (Dr.) Alt	Frau Pastorin/(Dr.) Christine Alt
Adel		
Prinzessin	Prinzessin ‡ Königliche Hoheit ‡ Eure Durchlaucht [2/3]	I. K. H. Alice Prinzessin von der Hochrütte ‡ I. D. Alice Prinzessin von der Hochrütte
Graf	Graf Wald ‡ Euer Erlaucht ‡ Euer Hochwohlgeboren [2/3]	S. E. Federico Graf zu Wald ‡ S. H. Federico Graf zu Wald ‡ (Herrn/)Federico Graf zu Wald
Freiherr	Herr (Dr.) von Au ‡ (Dr.) Baron Au [4]	S. H. (Dr.) Theodor Frhr. v. Au ‡ (Herrn/) (Dr.) Theodor Frhr. v. Au
Akademiker		
Prof. Dr.	Frau Professor(in) Renner ‡ Frau Professor(in)	Frau/Prof. Dr. phil. Barbara Renner
Dr.	Frau Dr. Köhler	Frau/Dr. Kirsten Köhler
Ehrentitel		
Dr. h. c.	Herr Dr. Bork	Herrn/Dr. Anton Bork
Senator	Herr Senator ‡ Herr Fischer	Herrn Senator/Dietrich Fischer
Direktorin	Frau Direktorin ‡ Frau Blum	Frau (Direktorin)/Nina Blum

Erläuterungen

/ = Zeilensprung   ‡ = Alternative

[1] Umgekehrte Reihenfolge von Amt und Namen ist möglich.

[2] Die Formen aus der Monarchie sind seit 1919 (Weimarer Reichsverfassung) abgeschafft, werden aber noch verwendet. In Österreich sind sie verboten.

[3] Die Begriffe differieren je nach Adelshaus und Position innerhalb der Familie.

[4] »Frhr.« wird in der Anrede durch »Baron« bzw. »Herr von ...« ersetzt.

mit seinen Erlebnissen, Plänen, Befindlichkeiten: »Sie waren mit den Enkeln an der Ostsee? Wie herzig!« Als Traditionelle wollen Sie nicht über Privates sprechen. Ihr Trost: Das wird gar nicht erwartet. Ihr Besucher hat nicht vor, sich mit Ihnen über die stuhlregulierende Wirkung von Weizenkleie auszutauschen. Das Wetter, die Bilder im Flur, die neue Teesorte, alles was Sie gemeinsam haben und tun, kann Thema sein. Dynamische nennen solche Themen banal. Sind sie auch. Deshalb sind sie für diese Phase der Begegnung so gut: Besucher müssen erst einmal – auch innerlich – ankommen, Gesprächspartner wollen sich beschnuppern. Nicht überzeugt? Dann halten Sie die Klimaphase kurz, aber lassen Sie sie nicht ganz weg. Beraten, diskutieren, verhandeln, streiten können Sie immer noch (mehr zum Smalltalk ▶ ab S. 116).

Telefonieren: ein Hörspiel in drei Akten

Beim Telefonieren sieht die Person am anderen Ende der Leitung Sie nicht; daher leitet sie alle über den reinen Wortinhalt hinausgehenden Informationen, alles Emotionale und Atmosphärische aus Ihrer Stimme und Ihrer Sprechweise ab. Vor dem Telefonieren – vor allem für schwierige Verhandlungen – Kernsätze notieren, tief ausatmen. Die Meldeformel aus Gruß, Firmen-, Vor- und Nachnamen sprechen. Immer freundlich beginnen. Immer. Gerade sitzen bzw. stehen und gehen, lächeln, nicken. Am Ende »einen schönen Tag« wünschen. Das ergibt ein gutes Bild. Weil es gut klingt.

»Das ist doch wohl nicht Ihr Ernst!«: Reklamationen

Ein Kunde, der sich nobel zu benehmen weiß, bringt Enttäuschungen (Frau Georg nie zu sprechen) und Probleme (neuer PC stürzt ab) klar und sachlich vor. Er macht es Ihnen leicht, konstruktiv mit ihm über das weitere Vorgehen zu verhandeln (mündlich ▶ S. 46, schriftlich ▶ ab S. 126).

Leider verhalten sich manche Kunden aber wie Tyrannen. Da sagt Knigge heute: Vergelten Sie Unhöflichkeit nicht mit Unhöflichkeit. Der Kunde ist einzigartig, sein Problem nicht. Traditionelle halten sich an die Fakten. Fertig. Ein kleines Zeichen von Mitgefühl glättet die Wogen: »Da haben Sie schon wieder Pech; das tut mir leid.« Als Natürlicher geben Sie dem Kunden das Gefühl, er sei *the one and only*. Vorsicht aber mit der Aussage »Ich kann Sie so gut verstehen.« Er könnte sie später gegen Sie verwenden. Lockere stellen gern Gemeinschaft her. Dem Kunden nützt es aber nichts, wenn Sie ihm erzählen, wie Frau Schulz und Herr Alt das gleiche Problem gelöst haben. Bleiben Sie bei ihm und bei der Sache. Für Dynamische ist eine Reklamation das ideale Zuhörtraining: Was genau hat der Kunde, was genau will er? Nicht klar? Nachfragen. Lassen Sie den Kunden ausreden. Bis zum Schluss.

BLAMAGE-PROPHYLAXE

Sie wollen Kunden, Vorgesetzte, Kollegen für sich einnehmen? Einen guten Stand im Unternehmen haben? Anerkannt sein und Anerkennung geben? Dann gehen Sie diesen Tretminen aus dem Weg:

- andere im Unklaren lassen: sich nicht vorstellen, Leute nicht miteinander bekannt machen, Visitenkarten vorenthalten, Platz und Weg suchen lassen, Agenda von Meetings geheim halten, Ziele und Pläne verschweigen
- Respekt vorenthalten: Rangfolge missachten, beim Sprechen unterbrechen, Visitenkarten ungelesen weglegen, Informationsbedarf ignorieren, Namen auslassen oder falsch aussprechen, Titel und Grade weglassen, keinen Platz anbieten, sich vor dem Kunden hin- und auf den besten Platz setzen
- Chancen verschenken: keine Präsenz zeigen, unvorbereitet in Gespräche gehen, Ziele ungeklärt lassen, sich unterbrechen lassen, unberechtigte Kritik einstecken

Selbstbewusstsein
aus dem
Kleiderschrank

Wie kann man sich ewig den Kopf über seine Kleidung zerbrechen? Das fragen sich oft Natürliche und Dynamische und auch Lockere: Der Inhalt zählt! Leider nicht nur. Denn gut gekleidete Kunden werden besser bedient, und attraktive Menschen verdienen mehr als andere. Attraktiv ist dabei, wenn eine Person und ihr Äußeres stimmig sind. Also bitte nicht Geld in eine Nasenkorrektur investieren, sondern Zeit für die Frage: Wer bin ich?

Man kann nicht keinen Eindruck hinterlassen. Dabei ist Kleidung ein wirksames, wenn auch nicht das einzige Mittel für Vorschusslorbeeren. Es reicht nicht, ein Paar saubere Schuhe aus dem Schrank zu holen, man sollte auch seine Gesichtszüge ordnen.

KLEIDER MACHEN LEUTE ... ERFOLGREICH!

Laut einem Urteil des Bundesarbeitsgerichts kann der Arbeitgeber »eine Kleidung verlangen, die der Art der Tätigkeit, den allgemeinen Erwartungen der Kunden an das Auftreten von Mitarbeitern und dem Niveau der angebotenen Leistungen angemessen ist.« Über die Folgen für den Einzel- und oft Streitfall liest man häufig: z.B. in der F.A.Z. Ende 2010 »Die IT-Abteilung trägt Armani« und Anfang 2011: »Schlüpfer nach Vorschrift«. Oft müssen Richter in Kleidungsfragen zwischen den Interessen des Arbeitgebers und der Privatsphäre eines Mitarbeiters abwägen.

Im Folgenden geht es um die übliche Geschäftskleidung und die Gründe, warum Vertreter vieler Branchen weltweit diese Uniform tragen. Schlechte Nachrichten für Individualisten? Nein. Es handelt sich nur um eine Orientierungshilfe; die Bandbreite der Interpretation wird von Ihrer Branche, Ihrem Unternehmen, Ihrem Team, Ihrer Rolle dort und nicht zuletzt Ihrem individuellen Stil bestimmt.

Wollen Sie seriös und kompetent wirken, fragen Sie sich nur:

1. Womit gehe ich auf Nummer sicher?
2. Was geht darüber hinaus auch?
3. Womit stoße ich an Grenzen?

Kleidung im Business und anderen Jobs

Früher traten der Handwerker im Blaumann und der Arzt im weißen Kittel auf; jeder war an seiner Dienstkluft – neudeutsch *Corporate Fashion* – zu erkennen. Heute kommen Ärztinnen im Mickymaus-Shirt, Pfarrer in Jeans und Schreiner im Sakko daher. Und warum sollte ein Lehrer nicht wie seine Schüler die geliebte Kombi Jeans + T-Shirt tragen? Warum eine Grafikerin nicht das giftgrüne Strickkleid? Warum keine gemusterten Strümpfe dazu? Solange die Kleidung dem Eindrucks-Ziel entspricht – *why not?* »Erlaubt ist, was gefällt«? Nein: Gut ist, was zu Ihnen, Ihrer Rolle und Ihrem Umfeld passt und Ihren Zwecken dient. Drei Tage am Stück das gleiche (»Wohn-«)Hemd zu tragen, ohne ihm eine Kur in der Waschmaschine zu gönnen, ist nicht gut. Laufmaschen in der Strumpfhose auch nicht. Gepflegt sollte jede Kleidung sein.

Eine große Berufsgruppe entscheidet sich aber gegen diese Freiheit. Sie ist auf der ganzen Welt auf Anhieb zu erkennen: Vorstandsvorsitzende, Managerinnen, Unternehmensberaterinnen, Banker: die Repräsentanten des »großen Geldes« bzw. der Macht pflegen ihrer Branche und Firma *(Corporate Identity)* entsprechend ihr *Corporate Design*. Weil Kontinuität Sicherheit verleiht. Und weil sie dem Bild vom idealen Vertreter der Branche entsprechen und so Vertrauen gewinnen wollen. »Wir managen die Welt oder wenigstens ein Stück davon.« Das drückt der Business-Dresscode aus. In anderen Berufswelten sind Abweichungen möglich und oft sehr sinnvoll, weil praktisch und zielgerecht.

Das hat es mit *no brown after six* auf sich

Dass Herren nach 18 Uhr keine braunen Schuhe tragen sollen, ist Ihnen wohl nicht neu. Die Regel greift allerdings zu kurz. Generell gilt in der strengen Business-Etikette: *No brown in town,* im Geschäftsleben (*town* = Stadt = Geld verdienen) keine warmen Farben, denn sie mindern den Status, bei Frau und Mann.

Wie das? Kalte Farben stehen für Seriosität, Verlässlichkeit und Diskretion. Deshalb sind die typischen Geschäftsfarben für Anzüge und Kostüme Blau und Grau. Seit einigen Jahren ist – außer in sehr traditionellen Unternehmen – Schwarz hinzugekommen, das bei strenger Auslegung dem gesellschaftlich-festlichen Umfeld bzw. Traueranlässen vorbehalten ist.

Kalte Farben machen mächtig. Wollen Sie wie eine mächtige Person wirken? Tragen Sie kalte Farben. Kontraste steigern den Effekt: dunkelblaues Kostüm mit weißer Bluse, Anzug in Anthrazit mit weißem Hemd und blauer Krawatte usw. Wollen Sie eine gute Figur machen, ohne zu viel Distanz zu erzeugen, etwa als lockerer oder natürlicher Typ? Oder weil Sie verhindern wollen, dass Ihre zielstrebig-dynamische Art streng rüberkommt? Dann tragen Sie

FARBEN REFLEKTIEREN

Stehen Ihnen ausgerechnet die kompetent wirkenden kalten Farben nicht gut? Wählen Sie Ihre Basics wie Kostüm und Anzug in den zu Ihrem Farbtyp (▶ S. 159) passenden Varianten der Business-Farben, z. B. einem helleren Blau oder einem weichen Grau. Kombinieren Sie diese Stücke individuell mit Hemden, Blusen, Krawatten und Tüchern in den Farben, die Ihnen einen gesunden, lebendigen Ausdruck verleihen. So schlagen Sie eine tragfähige Brücke zwischen der Wirkung nach außen und der Wirkung auf Ihren Teint.

diese Farben nicht. Oder Sie mildern den Effekt ab; durch Muster – Streifenbluse, karierte Krawatte – oder durch Kombinationen kalter Farben Ton in Ton: blaue Bluse zum dunkelblauen Kostüm, mittelgrauer Anzug plus hellgraues Hemd und dunkelgraue Krawatte. Wollen Sie zugleich professionell und freundlich wirken und haben am Arbeitsplatz lockere Regeln? Dann können Sie Kostüm oder Anzug in Braun- und Olivtönen, in Beige oder Hellgrau sowie – dies nur als als Frau – in Pastelltönen tragen. Sie können sogar kalte und warme Farben kombinieren. (Ur-) Großmutters Spruch »Schwarz darf kein Tages-, Braun kein Lampenlicht sehen« gilt längst nicht mehr.

Kleidung und Proportionen: angewandte Geometrie

Kurze oder lange Jacke, schmaler oder schwingender Rock, schmale oder breite Streifen, Karos, Blumen, Kreise, Punkte – alles hat seine optische Wirkung. Deshalb ist es vorteilhaft, die Wahl nicht nur an Ihren Stil-Vorlieben, sondern auch an Ihrer Silhouette zu orientieren. Denn wer stimmig auftritt, wird als selbstbewusst empfunden. Drei Basisregeln für eine Kleidung passend zum Körperbau:

1. **Lang macht klein, kurz macht groß:** Lange Jacketts und Röcke sowie Ärmel, die über das Handgelenk reichen, lassen kleine Personen kleiner wirken; große sehen mit kurzen Jacken, Röcken, Ärmeln wie Schulkinder aus. Also: Längeres für die Großen, Kürzeres für die … naja, weniger Großen.

2. **Quer macht breit, längs macht schmal.** Damen mit üppiger Oberweite und Herren mit breitem Kreuz tragen besser Längsstreifen als Querstreifen und Karos.

3. **Muster führen ein Eigenleben.** Große Muster erdrücken eine zierliche Statur; eine kräftige kann damit positiv betont werden – oder aufgebläht. Tragen Sie gern Karo? Ob Holzfällermodell oder feines Fensterkaro, leiten Sie bitte von Ihrer Figur ab.

Jeans oder nicht Jeans? Das ist hier die Frage

Die traditionelle Kleiderordnung kennt keine Jeans; dabei sind sie ihr Arbeiter-Image längst los, Designerjeans sind geradezu Statussymbole. Im Beruf entscheidet die Umgebung, ob und welche Jeans es sein darf. So sind z. B. in einer Redaktion Blue Jeans, Turnschuhe und T-Shirt im Alltag normal. Doch kommt der Verleger, peppen sich die Redakteurinnen und Redakteure häufig auf: mit schwarzen Jeans, Lederschuhen und Jackett über Hemd oder Bluse. Loafer oder Sneaker, barfuß oder Socken, Hemd oder Poloshirt, Pullover oder Jackett – die Wirkung der Jeans wird von ihren Begleitern bestimmt. Dabei sind Jeans selbst bei Natürlichen, Lockeren und Dynamischen nicht mehr unbedingt erste Wahl. Einmal weil der *Casual Friday* international auf dem Rückzug ist – u. a. weil manche Mitarbeiter *casual* (▶ ab S. 104) zu »nachlässig« umdeuten. Vor allem aber weil ihr bei den Frauen Leggings, Treggings (hauteng, elastisch) und Jeggings (jeansartige Leggings) Konkurrenz machen.

KLEINE **DETAILS** – GROSSE **WIRKUNG**

1. Sagen Sie im Fachgeschäft zuerst nur, welchen Typ Kleidungsstück Sie suchen: »ein Kleid«. Mehr nicht. Bitten Sie um Empfehlungen rein aufgrund Ihres Körperbaus und Ihrer persönlichen Wirkung.

2. Für Herren: Machen Sie im Kaufhaus einen Selbstversuch – am besten in Begleitung einer Person, die sich, wie Sie finden, gut kleidet. Binden Sie sich zuerst eine breite Streifenkrawatte um und gleich danach ein schmales Blümchenmodell. Der Vergleich zeigt, welche Art zu Ihnen passt.

3. Für Damen: Bestimmen Sie, welche Wirkung Sie anstreben. Ziehen Sie unter das gleiche Sakko eine Bluse in Weiß, dann eine in Pastell und zuletzt ein leuchtendes T-Shirt an. Womit erreichen Sie Ihr Zielbild am besten?

DAS **BUSINESS-ABC** FÜR **MÄNNER** UND SEINE STILVARIANTEN

Das klassische Business-Outfit ist die Heimat der traditionellen und der dynamischen Herren, die natürlichen fühlen sich weniger wohl darin. Lockere Herren halten sich, um akzeptiert zu sein, auch (mehr oder weniger gern) an die Empfehlungen. Wie weit Sie sich von dem strengen Business-Code entfernen können, hängt nicht nur von Ihrer Persönlichkeit, sondern auch von Ihrem beruflichen Umfeld, den lokalen Gegebenheiten und aktuellen Trends ab. Hier können Sie die Variationsbreite ausloten.

Anzug: Die Etikette empfiehlt Jacke und Hose aus dem gleichen Stoff. Ein Hamburger Senator wählt dennoch den blauen Blazer zur grauen Hose. Architekten und andere Kreative wirken mit Anzug ohne Krawatte oder mit Hose und (Leder-)Jacke überzeugender als im blauen Dreiteiler mit rotem Schlips. Schließen Sie sogar als lockerer Stilvertreter bei der Begrüßung Ihr Jackett? Das kommt echt gut an. Natürliche Typen tragen ungern Jackett. Wollen Sie Ihrem Kunden oder Chef aber wirklich im Hemd entgegentreten? Bringen Sie sich wenigstens zur Begrüßung für ihn in Form. Lockere Schnitte und weiche Naturstoffe geben Ihnen Raum und Luft. Es ist übrigens nicht nur sinnvoll, ein Jackett zu tragen, es sollte Ihnen auch (nach Jahren noch) passen. Ist das – plötzlich? – nicht mehr der Fall, könnte es in der Reinigung eingelaufen sein. Bevor Sie aber dort reklamieren: Stellen Sie sich auf die Waage: Vielleicht ist nicht das Jackett eingelaufen, sondern Sie sind ein wenig ... Lassen wir das.

Fliege: Haben Sie einen Hang zum Nonkonformismus? Und dazu ein schmales Kinn? Dann kann eine Tagesfliege für Sie eine gute Idee sein. Da sie aus dem Rahmen fällt, wirkt sie wie ein Versprechen: Vom Träger wird Besonderes erwartet. Enttäuschen Sie diese Erwartungen nicht.

Gürtel: Ja, Sie haben es schon gehört: Der Gürtel soll in Stil, Material und Farbe zu den Schuhen oder zur Hose passen. Beides muss aber nicht genau gleich sein. Lockere und Dynamische delegieren die tragende Rolle des Gürtels gern an Hosenträger. Dann bitte die Gürtelschlaufen vom Hosenbund abtrennen.

Hemd: Ein Langarmhemd ist immer korrekt. Müssen Sie bei der Arbeit Hand anlegen, können Sie die Ärmel sorgfältig aufkrempeln. Das Kurzarmhemd ist im gehobenen Business und mit Krawatte ein No-go. An alle Natürlichen und Lockeren: Greifen Sie nur im absoluten Notfall darauf zurück und verzichten Sie dann auf Jackett und Krawatte. Am schlüssigsten wirkt es, wenn sich das ganze Team inkl. Chef diese Erleichterung verschafft: »Wir haben wegen der Hitze unser Outfit gelockert.« Traditionell-elegante Herren tragen Hemden ohne Tasche. Für taillierte Hemden à la Bundestrainer Jogi Löw brauchen Sie nicht unbedingt einen Waschbrettbauch, aber einen schmalen Oberkörper. Wenn Sie Ihren idealen Hemdenschnitt gefunden haben, bleiben Sie praktischerweise dabei; oder Sie lassen sich (Halb-)Maßhemden schneidern.

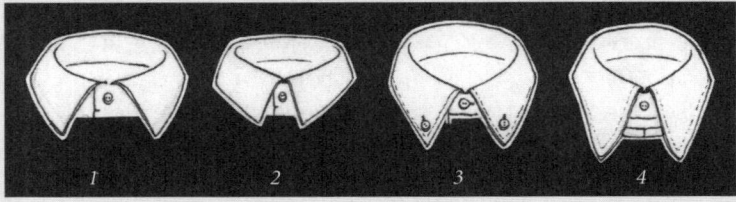

Hemdkragen: Der »Kent« **(1)** mit einem Winkel von circa 90° zwischen den Kragenschenkeln ist immer in Ordnung. Da seine Schenkel unter dem Revers des Jacketts verschwinden, geben Kragen, Revers und Krawatte ein einheitliches Bild ab. Mögliche Alternativen sind:

- ❍ der New Kent **(2)** mit etwas längeren Spitzen – gern von lockeren und dynamischen Herren getragen,
- ❍ der Haifisch- oder Spreizkragen mit einem fast 180° breiten Winkel für die Krawatte, Voraussetzung: schmales Gesicht, nicht zu kurzer Hals,
- ❍ der Steg- oder Tab-Kragen **(4)**, dessen Steg unter dem Krawattenknoten zugeknöpft wird, den man eher bei Herren der alten Schule sieht.

Natürliche tragen gern Krägen ohne Knopf sowie Button-down-Krägen **(3)** mit auf die Brust geknöpften Spitzen. Beide kommen im strengen Business-Code nicht vor. Letztere sind zur legeren Kombination akzeptabel und ohne Krawatte ideal. Für ein schlüssiges Bild bleibt der oberste Knopf unter der Krawatte geschlossen. Damit Ihnen nicht der Kragen platzt, wählen Sie Hemden, die am Hals weich und locker anliegen. Aber mit der Weite nicht übertreiben. Sonst fragt Sie ein Witzbold, ob es das Hemd nicht in Ihrer Größe gegeben hätte.

Hose: An einer Bügelfalte geht kein Weg vorbei. Und tragen Sie Ihre Hose im Zweifel lieber einen Zentimeter zu kurz als zu lang. Zu lange Hosen stauchen optisch den Körper (▶ S. 88), und das ist schlimmer als »Hochwasser«.

Krawatten sind mit ihren unzähligen Stoff-, Muster- und Knotenvarianten das Gestaltungselement für Individualisten schlechthin. Erlaubt ist, was zu Ihrem Körperbau plus Charakter passt (Knoten ▶ S. 159). Wollen Sie als Traditioneller Ihre Krawatten viele Jahre tragen? Lieber nicht. Zwar kommen Muster – wie Paisley – immer wieder, im Detail aber ist der Retro-Trend z. B. im Material leicht von »alter« Mode zu unterscheiden. Ein Wermutstropfen für Lockere und Natürliche: Die Ableitung des »Kulturstricks« vom Lätzchen oder Schnupftuch ist nicht gesichert. Aber es gibt ja *Business Casual* (▶ ab S. 104).

Manschetten sollten circa einen Zentimeter aus dem Jackenärmel herausschauen. Doppelmanschetten können Sie traditionell oder auch modischlässig als Stilmittel nutzen. Manschettenknöpfe sind klassisch und in zugleich.

Pochette (Stecktuch): Dieses i-Tüpfelchen der Eleganz ist dynamischen wie praktischen Typen *too much*. Traditionelle und coole Lässige runden ihr Styling damit ab, doch nicht um von abgelaufenen Absätzen und ausgebeulten Hosen abzulenken. Je nach Typ stecken Sie die Pochette korrekt (traditionell) gefaltet oder (lässig) gebündelt in die Brusttasche. Sie ist weiß oder greift den Ton der Krawatte auf, nicht das Muster: Stil entsteht nicht aus der Summe von Gleichem, sondern durch die gezielte Kombination von Unterschiedlichem.

Socken: Mit schwarzen Socken stehen Sie im (schwarzen) Business-Schuh immer richtig. Der Traditionelle trägt Kniestrümpfe. Weiße Socken? Ja, aber bitte nur zum weißen Seidensmoking – also im Business nie. Farbige Socken – zur Kombination – stimmen Sie auch im Material auf die Hose ab.

Schuhe: Der typische Business-Schuh ist weltweit ein schwarzer Schnürschuh aus Glattleder mit Ledersohle. Wer jeden Tag und bei jedem Wetter gut zu Fuß sein will, nimmt ein bequem geschnittenes Modell, weicht auf dünne Gummisohlen aus oder klebt Gummipads unter die Ledersohlen. Zur Kombination gelten schlichte, feste Loafers (früher: »Slippers«) als akzeptabel. Ein Wort an die Lässigen: Man kann Schuhe nicht nur säubern, indem man zuerst die Schuhe und dann die Hose anzieht. Schuhcreme und -spanner erhöhen die Lebensdauer – vorrangig die der Schuhe.

Fragen (längst nicht nur) von Business-Frauen

Stellen Sie sich bitte einmal vor: Eine Frau und ein Mann schauen an einem Schreibtisch zusammen auf einen Laptop, sie in weißer Langarmbluse, er in weißem Langarmhemd mit Krawatte. Was glauben Sie: In welcher Beziehung stehen die beiden? Und wo haben sie ihre Jacketts? In einer Umfrage antwortete die Mehrheit:

1. Er ist der Chef, sie seine Mitarbeiterin.

2. Sein Jackett hängt über dem Stuhl, und sie hat keines (dabei).

Das stimmt nachdenklich. Und bedeutet für berufstätige Frauen mit Erfolgswillen: Drücken Sie mit Ihrer Kleidung aus, dass es sich lohnt, Sie ernst zu nehmen. Es bedeutet keineswegs, dass Sie versuchen sollten, als »halber Kerl« daher zu kommen. Sondern: Gestalten Sie Ihr Erscheinungsbild bewusst, wenn Sie in Ihrem Berufsfeld gleichzeitig professionell und natürlich, kompetent und weiblich wirken wollen. Hier finden Sie Antworten auf konkrete Fragen, beginnend mit den Füßen, denn: Ihr Auftreten wird entscheidend dadurch bestimmt, wie Sie – auf dem Boden – auftreten.

Von der Fußsohle bis zum Knie

Welche Schuhform ist richtig? Schuhe ziehen Blicke an, weil die Füße einer Frau als erotisch aufgeladene Zone gelten. Sie zweifeln? Sie kennen aber – zumindest vom Hörensagen – die verführerische Macht von roten Highheels oder Overknee-Stiefeln aus Lack oder Pythonleder, nicht wahr? So gelten aus rein biologisch motivierten Sicherheitsgründen für Frauen schlichte Pumps mit einer Absatzhöhe von circa fünf Zentimetern international als die idealen Business-Schuhe. Der Variantenreichtum unter den durchschnittlich 24 Schuhpaaren einer Frau ist groß. Eine Dame, wie sie im Buche steht, trägt zierliche, eine pragmatisch-natürlich orientierte sportlichere Modelle mit breiterem Absatz und Schnürschuhe: alles fein, solange sie den Fuß nicht unvorteilhaft groß und breit machen. Sneakers – früher sagte man Turnschuhe – sind im kreativen Berufsumfeld möglich. Modisch sind sie in dieser Branche sowieso. Vorsicht allerdings, wenn Sie international auftreten: In den meisten Kulturkreisen ist – für Damen wie für Herren – der Turnschuh sportlichen Betätigungen vorbehalten.

Sind Sandalen im Sommer möglich? Da bloße Füße nicht als businesskonform gelten (siehe oben), sind Sandalen, Flipflops und Peeptoes – Pumps, aus denen der große Zeh hervorlugt – im konservativen Geschäftsleben tabu. Slingpumps, hinten offen mit Riemchen, sind akzeptiert, mit Strümpfen ohne Fersenverstärkung. Für die traditionelle Dame ist das selbstverständlich, die dynamische akzeptiert es »halt so«. Entscheiden Sie sich als Natürliche und Lässige für den Regelbruch, prüfen Sie geschwind, ob Ihre Fußnägel perfekt gepflegt und Ihre Beine glatt rasiert sind.

Gehen Stiefel zum Rock? Nach strenger Interpretation: nein. Entscheiden Sie sich als Modisch-Lässige oder Pragmatisch-Natürliche entsprechend Ihrer Art und Tätigkeit dafür, sind elegante Ausführungen geschickter als rustikale. Die Regel, dass der Rocksaum den Beginn des Stiefelschafts bedecken muss, ist out.

Müssen Strümpfe wirklich sein? Im Prinzip ja. Mögliche Abweichungen leiten Sie von Ihrem Umfeld und Ihrer Befindlichkeit ab und am besten auch vom Aussehen Ihrer Beine, nicht nur was den Bräunungsgrad betrifft. Manche noch so lässige und natürliche Frau lernt im Lauf ihrer Jahre den Segen von kaschierenden Strümpfen, langen Ärmeln und hohen Krägen zu schätzen.

Wie sollen Strümpfe aussehen? Schwarze Strümpfe galten früher, außer bei Trauerkleidung, als verrucht; das ist längst vorbei. Hautfarbene Strümpfe zwischen dunklem Rock und dunklen Schuhen lassen Beine kürzer erscheinen als Strümpfe Ton in Ton. Mit Leggings und farbigen Netz- oder gemusterten Strümpfen können Sie als modebewusste lässige oder dynamische Frau

Akzente setzen, wenn Sie nicht gerade in einer Privatbank arbeiten. Minirock und Highheels wären, wenn Sie seriös wirken wollen, der Akzentuierung überall zu viel.

Vom Knie bis zum Dekolleté

Was ist von der Regel zu halten, ein Rock dürfe höchstens eine Handbreit über dem Knie enden? Gegenfrage: Wessen Handbreite ist gemeint? Ihre? Die Ihres Freundes, Ihres Chefs? Die für Sie ideale Rocklänge ermitteln Sie besser so: Stellen Sie sich in Schuhen vor einen Spiegel, heben Sie den Rock am Bund hoch und senken Sie ihn wieder. Bei der Länge, die Ihren Beinen und Gesamtproportionen am meisten schmeichelt, halten Sie inne: Das ist die beste. Setzen Sie sich dann vor dem Spiegel auf einen Stuhl und prüfen Sie: Kann Ihr Gegenüber, wenn Sie bequem sitzen, mehr als ein Viertel Ihres Oberschenkels sehen? Dann ist der Rock zu kurz.

DIE PERFEKTE **ROCKWEITE**

Ziehen Sie Ihren Rock an und schließen Sie ihn. Heben Sie ihn vom Saum her über die Hüften hoch und lassen Sie ihn los. Fällt er von selbst in seine richtige Form zurück? Dann ist seine Weite richtig. Bleibt er unterwegs z. B. auf den Hüften hängen? Dann ist er zu eng.

Rock oder Hose – »Jacke wie Hose«? Neben Ihrer Vorliebe machen den Unterschied: die Passform, das Material und eventuell die Kleidervorschriften eines konservativen Unternehmens, das von einem traditionellen Frauenbild ausgeht. Weder Kostüm noch Hosenanzug müssen langweilig oder bieder aussehen: Schnitt und Stoff sowie

Schuhe, Gürtel, Frisur, und Schmuck prägen die persönliche Note. Ansprechende Vorbilder für den Brückenschlag von Status zu weiblicher Eleganz finden traditionelle und dynamische Damen bei französischen Politikerinnen, nicht nur wenn sie Chanel-Kostüm tragen.

Stimmt es, dass frau ihr Jackett nicht schließt? Herren schließen ihr Jackett, um sich auf eine Begegnung vorzubereiten und dem Gegenüber Wertschätzung zu zeigen. Wollen Sie als Frau auf dieses Signal verzichten? Hoffentlich nicht. Erklärt eine Verkäuferin Ihnen also bei der Anprobe, eine Dame trüge ihr Jackett offen, besteht der Verdacht, dass sie es in Ihrer Größe nicht vorrätig hat. Sie können den untersten Knopf schließen oder offen lassen.

Was ist vom Kleid zu halten? Viel. Coco Chanel hat mit ihrem »Kleinen Schwarzen« (▸ S. 102) das Modell für ein Kleid von diskreter Weiblichkeit geliefert. Und doch gilt die Verbindung von Jacke und Rock oder Hose – weil an den Herrenanzug angelehnt und tradierten Sehgewohnheiten entsprechend – immer noch als geschäftsmäßiger und damit *safer*. Aber nicht als individueller. Für einen seriösen Eindruck tragen Sie über dem (ärmellosen) Etuikleid ein Jackett oder im Hochsommer eine feine Bluse.

Wie steht's mit Strick? Pullover und (immer mal wieder trendy) Pullunder aus Feinstrick unter einem Jackett sind bis in das strenge Business-Milieu hinein akzeptiert und erhalten, wenn Sie dies wünschen, durch eine Halskette oder ein Tuch einen eleganten Touch. Eine Twinsetjacke ist zwar kein vollwertiger Ersatz für ein Jackett, doch in den meisten Unternehmen möglich. Ausnahmen sind konservative Geschäftsfelder wie die meisten Grandhotels, Unternehmensberatungen und Banken. Strickkleider und -röcke bilden die Konturen ab; der Spiegel sagt Ihnen, ob's geht.

Und was ist mit Leinen? Leinen knittert nicht edel; es knittert. Bei Hitze verschaffen Sie sich am besten Erleichterung durch atmungsaktive Stoffe und lockere Schnitte.

Ist das Shirt ein adäquater Ersatz für eine Bluse? Jein. Ein Kragen wirkt, weil sich die Sehgewohnheiten seit 150 Jahren am Mann als Geschäftspartner orientieren, etwas geschäftsmäßiger; Traditionelle und Dynamische nutzen diesen Effekt. Im Shirt ohne Jacke wirken Sie kleiner, schmächtiger, weniger kompetent als mit Bluse – vor allem neben einem Mann, der größer und breiter ist als Sie. Wenn Sie als Lockere oder Natürliche aber lieber Shirts tragen und im Kundenkontakt oder bei einer Präsentation die Jacke anbehalten, ist das okay. Hauptsache, Sie halten Ihr Dekolleté bedeckt und gewähren keine »tieferen Einsichten«.

Welche Bluse ist richtig? Verbringen Sie den ganzen Tag im Geschäft, sind atmungsaktive Stoffe wie Baumwolle das A und O.

- Wenn die Bluse aus Rock oder Hose rutscht, ist sie zu kurz.
- Tragen Sie sie über dem Rock, wie es Lässige und Natürliche tun? Achtung, damit sie nicht unter dem Jackett hervorschaut; das wirkt mädchenhaft und kratzt an Ihrem Status.
- Klafft ein Knopfloch auf, ist die Bluse zu eng. Haben Sie oben herum zu viel Muskulatur aufgebaut? Im Fitnessstudio andere Übungen machen.
- Rosa, die »Farbe der Mädchen«, wirkt weich und liebenswert. Junge lässige Frauen erscheinen damit vielleicht zu liebenswert und zu wenig *tough*, dynamische Powerfrauen hingegen sehen damit weniger streng aus.
- »Niedliche« Rüschen und Blümchen bei dynamischen und natürlichen Frauen irritieren den Betrachter.
- Doppelmanschetten oder auffällige Streifen kombiniert mit weißem Kragen heben Ihren Status; das kann bei der karriereorientierten Powerfrau über das Ziel hinausschießen. Genau wie eine knallrote Satinbluse unter schwarzem Jackett; die sollte schon sehr weiblich geschnitten sein, damit andere nicht mental vor Ihnen strammstehen.

⊙ Ob Sie den Blusenkragen auf oder unter dem Revers tragen, entscheiden Sie individuell beim Blick in den Spiegel: Bei welcher Variante wirkt Ihr Kinn spitzer, bei welcher runder? Überhaupt: Wie soll es wirken?

Vom Dekolleté bis in die Haar- und Fingerspitzen

Wie tief darf der Ausschnitt sein? Wie bei Rock- und Ärmellänge und der Frage »Strümpfe ja oder nein?« spielt hier das Alter mit: Pfirsichhaut macht sich besser als Orangenhaut. Sie sollten Ihren Körper so weit bedecken, dass Ihr Gegenüber noch eine Chance hat, Ihnen ins Gesicht zu gucken.

Wie sollten die Fingernägel einer Geschäftsfrau aussehen? Der jenseits der Fingerkuppe oval gefeilte Nagel gilt als Idealform. Natürliche und dynamische Frauen ziehen kürzer geschnittene Nägel vor; lässige, die den Rand des gerade noch Möglichen austesten, wirken mit längeren eckigen Nägeln schlüssig. Vorsicht mit auffälligen Lacken: Ihre Hände sind ein wesentliches Instrument im Gespräch. Damit sie kein Eigenleben führen und ihre Gesten nicht von ihren Inhalten ablenken, werden für Businessfrauen dezente – farblose oder rosa bis rote – Lacke empfohlen.

Wie viele Schmuckstücke sind akzeptabel? Schmuck sollte Ihre Persönlichkeit unterstreichen, nicht das Augenmerk des Betrachters auf sich ziehen. Daher ist jedes Element gut, das die Aufmerksamkeit des Betrachters zu Ihrem Gesicht lenkt. Lange, baumelnde Ketten, klimpernde Armbänder, mehrere funkelnde Ringe und ein uneinheitlicher Stilmix lenken das Interesse des Gegenübers von Ihrem Anliegen ab.

Stimmt es, dass nur kurzes Haar *businesslike* ist? Die Frisur bleibt ein Geschlechtsmarker. Ein praktischer Kurzhaarschnitt lässt – ob zu Recht, sei dahingestellt – darauf schließen, dass es der Trägerin mehr um die Arbeit geht als darum, sich aufzuhübschen.

Mit zurück- oder hochgebundenem langem Haar erreichen Sie diesen Profi-Effekt aber genauso gut. Wollen Sie – locker, lässig oder damenhaft – das Haar offen tragen? Es aus dem Gesicht zu streichen, senkt den Status (▶ S. 113). Lieber gut fixieren.

Sind Piercing und Tattoo noch immer tabu? Aus der Ecke des Verruchten sind sie inzwischen heraus. Doch selbst wenn Bundespräsident Christian Wulff über das Tattoo seiner Frau urteilt, es sei »kein Problem« – im klassischen Business könnte es durchaus eines sein. Als Aussage werden Körperdekorationen an sichtbaren Stellen immer verstanden; ob diese in Ihrem Sinne interpretiert wird, haben Sie nicht in der Hand. Solange Sie sich dessen bewusst sind: alles fein.

Parfum – ja oder nein? Es gibt blumig-feminine, maskuline, orientalische, fruchtige, pudrige, zitrusfrische und klassisch-elegante Duftnuancen und viele mehr. Da sich eine Duftnote auf der Haut eines jeden Menschen anders entwickelt, erarbeiten Sie die Antwort auf diese Frage am besten gemeinsam mit einer geschulten Parfümerie-Verkäuferin. Das Allerwichtigste: Setzen Sie Ihre Duftmarke dezent. Anziehend ja, betörend lieber nicht.

FREIZEIT: DIE GROSSE FREIHEIT – UND IHRE GRENZEN

Ihr Image ist das Bild, das sich andere gemäß deren Kriterien und Erwartungen von Ihnen machen. Je klarer Sie für sich bestimmen (wollen), was ein Betrachter über Sie denken soll, desto zielgerechter können Sie Ihr Auftreten und Ihr Erscheinungsbild gestalten. Bei der Arbeit tun Sie das sicherlich. Und wie halten Sie es in der Freizeit? Die Freiheit der Kleiderwahl birgt in puncto Imagepflege so manches Risiko. Gefahr erkannt? Fast gebannt.

In aller Form: feierliche Anlässe

Für traditionell und zeitökonomisch denkende Menschen sind Dresscodes ein Segen. Da muss nicht nachgedacht und -geforscht werden, welche Kleidung angebracht ist. Wer sich jedoch gern locker-lässig kleidet, fühlt sich in seiner Freiheit beschnitten. Dabei soll ein Kleidervermerk auf der Einladung nur Orientierung geben: Wer ihn befolgt, muss nicht fürchten, bei einem Anlass als bunter Hund an Akzeptanz einzubüßen.

Angaben wie »elegante Sommerkleidung« oder »festlich« sind keine Codewörter und öffnen Interpretationen Tür und Tor. Wer da »richtig« angezogen sein will, fragt den Gastgeber, was er meint.

Vertreter des natürlichen Anstands empfinden Abendkleidung als alberne »Staffage«. Dabei gibt der Dresscode doch den Wunsch des Gastgebers nach einem einheitlichen Bild wieder. Wollen Sie ihm die Bitte ausschlagen? Vielleicht doch Smoking oder Kleid? Notfalls geliehen? Fairerweise darf nicht verschwiegen werden, dass Ihre Interpretation der Code- (sprich: »Geheim-«)Wörter auch demonstriert, ob Sie in die traditionelle Auslegung »eingeweiht« sind. Es geht wieder einmal um Ihren Status.

Beispielsweise setzen Sie mit einer farbigen Fliege zum schlecht sitzenden Smoking keineswegs positive Akzente. Anders ist das, wenn Sie mit Details so spielen, dass Gastgeber und Gäste Ihr Spiel als Spiel verstehen und Ihren Gestaltungswillen erkennen: Wenn Sie z. B. zum Designer-Smoking ein schwarzes Hemd und eine weiße Krawatte tragen oder als Dame einen Seidenfrack statt Abendrobe. Das Ganze mit feinstem Schuhwerk und einer festlichen Frisur kombiniert – schon machen Sie in einem dynamisch oder locker geprägten Umfeld Furore. Wer den höchsten Status in einer (Fest-)Gemeinschaft hat, bestimmt die Regeln ohnehin selbst. Wie das Mitte des 19. Jahrhunderts Albert Eduard, der spätere König Eduard VII. tat: Weil ihm der Frack zum Dinner zu

FESTLICHE ABENDKLEIDUNG:
DIE CODEWÖRTER
UND IHRE BEDEUTUNG

Begriff	Bedeutung für Herren	Bedeutung für Damen
Dunkler Anzug	Dunkelblauer oder -grauer Anzug; weißes oder hellblaues uni Hemd, diskrete Krawatte; feine schwarze Schnürschuhe aus Glattleder mit Ledersohle	Kleid, Kostüm oder Hosenanzug, eleganter als im Business; Farbe nach Wahl; sehr dezente, feine Strümpfe, elegante Schuhe, kleine Handtasche, auf die Garderobe und die Schuhe abgestimmt
Gesellschafts-anzug/ *Black Tie/ Cravate Noire/ Semi-formal*	Smoking; Smokinghemd, schwarze Fliege oder Schleife (Kummerbund/schwarze Weste optional); feine Strümpfe, Lackschuhe oder Oxfords	Cocktailkleid oder das Kleine Schwarze/Grüne/ Rote; Strümpfe, feine Pumps; kleine Handtasche; idealerweie Gold- oder Platinschmuck; im Zweifel nachfragen, ob die aufwändige Abendrobe (s. u.) möglich oder von den Gast-gebern sogar gewünscht ist
Großer Gesell-schaftsanzug/ *White Tie/ Cravate Blanche*	Frack; Frackhemd, weiße Schleife oder Fliege, weiße Weste; feine Strümpfe, Oxfords; ganz streng »zum Frack kein Lack.«	die große Abendrobe; zum Essen die Schultern mit einer Stola o. Ä. bedecken; Accessoires wie zum Cocktail-kleid

Die Fachbegriffe (Codewörter) variieren so, dass sie in verschiedenen Sprachen unterschiedliche Kleidungen *(Dresses)* bedeuten können. Erhalten Sie eine Einladung aus dem Ausland, informieren Sie sich aktuell im Internet oder, besser noch, bei den Gastgebern selbst. Sie wissen am besten, welches Bild sie im Kopf haben, und werden Ihre Frage nicht als Unsicherheit, sondern als Zeichen Ihres Respekts interpretieren. Weil immer weniger Menschen selbst im gleichen Sprachraum die Wörter gleich interpretieren, werden die Dresscodes bei Kreuzfahrten erläutert und sind nicht mehr ganz so eng gefasst wie noch vor wenigen Jahren.

unbequem war, ließ er sich das erste *Dinner Jacket* der Geschichte schneidern – dem bequemem *Smoking Jacket* nachempfunden, das ein Herr damals im Rauchsalon trug. Thronfolger müsste man sein, zumindest in dieser Hinsicht.

Informell, doch nicht formlos: (fast) freie Wahl

Da Sie im Privatleben Ihr Erscheinungsbild frei gestalten können, folgen Sie bestimmt praktischen Erwägungen und starten zum Mountainbiken schon zu Hause im Biker-Outfit. Außerdem folgen Sie Ihren Vorlieben. Sind Sie sicher, dass Sie da nur Ihr Geschmack leitet? Oder ziehen Sie nicht doch, wenn Sie bei der Bank Ihre Kreditkonditionen neu verhandeln wollen, eher Kostüm mit Bluse als Flatterrock mit Spaghettiträger-Top an? Weil Sie selbst wissen: Ein aufreizendes Outfit bringt einer Frau vielleicht interessierte Blicke ein, doch sicherlich wenig Respekt? Und was steckt dahinter, wenn es bei Erstklässlern unbedingt *die* Jeans oder *der* Sneaker sein muss? Da ist eher Gruppendruck am Werk als ästhetisches Empfinden. So »Eindruck zu schinden« mag in den Augen moralisch geprägter Personen kein hehres Ziel sein. Doch sind Sie es sich nicht selbst wert, ein ansprechendes Äußeres an den Tag zu legen? Jederzeit, selbst wenn es nicht »drauf ankommt«?

In der Stadt unterwegs: Typsache, Zwecksache

Bis in die 1960er-Jahre umfasste die übliche Straßenkleidung Mantel, Handschuhe und Hut; das ist vorbei. Herrschaften der alten Schule freuen sich aber über deren – zaghaftes – Comeback und zeigen sich nie in Anzug oder Kleid auf der Straße, nicht einmal im Sommer. Die anderen Stilvertreter sehen das entspannt und tragen unterwegs nur das Nötige. Wenn sie zwischen Büro und Biergarten das Jackett dabei haben, werfen sie es über die Schulter. Was sonst?

IM AUSLAND *ON TOUR*

Geschäftsreisende und Touristen sind gut beraten, sich vor dem Kofferpacken über die landesübliche Kleiderordnung zu informieren. Es wäre schade, wenn man Ihnen wegen Ihres im Zielland als zu lässig oder offenherzig betrachteten Erscheinungsbilds den Zugang zu Räumen (Kirchen, Moscheen, Museen) verwehren oder in Entscheidungsgremien die Kompetenz absprechen würde.

Praktische und Lässige tragen auch auf dem Weg zur Arbeit Freizeitkleidung wie Parka, Anorak und Friesennerz. Traditionelle und Dynamische wählen eher einen legeren Kurzmantel. Auf jeden Fall lohnt sich ein Blick in den Spiegel: Lugt unter dem Anorak der Saum des Sakkos hervor, ist eines von beiden falsch. Da das Bündchen das Sakko zerknittert, ist das in der Regel der Anorak.

Damen tragen Handtaschen, Herren nicht. Damenhandtaschen werden – außer von Traditionellen – als Transportmittel betrachtet und daher – außer bei Traditionellen – nicht mehr auf die Kleidung abgestimmt. Rucksack oder Diplomatenkoffer? Für umfangreiche Transporte wird nach Ziel und Zweck entschieden.

Zwanglose Anlässe

Fehlen in Einladungen (▸ ab S. 129) klare Angaben zum Dresscode, sind Ihrer Freiheit kaum Grenzen gesetzt. Wünscht sich ein Gastgeber alle Gäste in Weiß oder Rot, Matrosenlook oder Clownskostüm, gilt: Tun Sie sich und ihm den Gefallen, spielen Sie mit.

Casual, Smart Casual, Business Casual: Diese Hinweise spiegeln von Land zu Land, von Unternehmen zu Unternehmen, von Freundeskreis zu Freundeskreis verschiedene Vorstellungen wider. Oft weiß nur der Einladende, was gemeint ist, und manchmal nicht einmal er so ganz genau. Die Toleranzbreite ist groß, aber endlich. Um auf Nummer sicher zu gehen, tragen Sie der Einfachheit halber bei den Vermerken

- *Casual* (wörtlich: »leger, lässig«) und *Smart Casual* (»chic lässig«) Rock/Hose mit Bluse/Shirt/Hemd und Jackett oder Pullover, als Herr Loafers oder braune Schnürschuhe, als Dame bequemes Schuhwerk; können Sie das Umfeld nicht einschätzen, verzichten Sie auf Jeans (▸ S. 90).
- *Business Casual* (»geschäftsmäßig leger«) Geschäftskleidung, als Herr ohne Krawatte, als Dame mit bequemen Schuhen oder extravaganten Accessoires.

Das Soll durch diskrete Eleganz zu überbieten, hebt das Ansehen. »Aufbrezeln« in Verbindung mit unterwürfigem Verhalten lässt hingegen vermuten, dass sich der Träger krampfhaft um Wirkung bemüht. Und wer will schon diesen Eindruck erwecken?

BLAMAGE-PROPHYLAXE

Ihr Erscheinungsbild unterstützt Ihren Kommunikationserfolg. Sie riskieren Kratzer an dem Bild, das andere sich von Ihnen machen, wenn Sie:

- Sauberkeit und Hygiene vernachlässigen: schuppiges Haar, Körper- und Mundgeruch, Flecken, Laufmaschen ungebügelte, ungereinigte Kleidung
- protzen: zur Schau gestellte Luxus-Accessoires, nur für den Verkauf gedachte Markenetiketten am Ärmel, gefälschte Markenkleidung
- in die Beliebigkeitsfalle treten: Teile »blind« aus dem Schrank ziehen; nicht auf Farben, Muster, Passform achten; »unkaputtbare« Sachen ewig tragen, ob sie noch passen oder nicht; Gürtelschlaufen ohne Gürtel tragen
- das Gesamtbild eines Anlasses ignorieren: ein Kostüm zum Barbecue ist overdressed, Hemdsärmel zur Hochzeitsfeier sind underdressed.

Partygeflüster:
stilgerecht,
wie denn
sonst

Stürzen Sie sich gern ins Getümmel, gehen begeistert zu Empfängen, schütteln Hände? Oder besuchen Sie Events höchstens der Vorteile wegen? Präsenz zeigen, Kontakte knüpfen, den Überblick behalten: Wer mit wem? Dann kann eine Erkenntnis aus der Hirnforschung nicht schaden: Jede Interaktion mit der Umwelt verändert das Gehirn. Wird es nicht benutzt, büßt es Fähigkeiten ein: *Use it or lose it.* Veranstaltungen bieten zahllose nicht alltägliche Interaktionen, sind also Hirntraining pur. Vielleicht sollten wir doch alle öfter zu Empfängen und Festen gehen. Außerdem kann das richtig Spaß machen. Im Ernst. *Come on, let's party.*

HALLO, HIER BIN ICH: KONTAKT AUFNEHMEN

Wollen oder müssen Sie an fremde Menschen herantreten? Spielen Sie Ihre soziale Rolle überzeugend: Von Gastgebern wird erwartet, dass sie auf Gäste zugehen, von Gästen wird Zurückhaltung gewünscht. Das sagt die Etikette.

Als Gastgeber führen Sie Regie ...

Beim Info-Abend einer Bank stehen mehrere Herren in angeregtem Gespräch. Eine Dame tritt dazu: »Guten Abend, die Herren. Herzlich willkommen. Ich bin die Filialleiterin. Pia Benke.« Ob die Herren sie nun in die Runde aufnehmen? Klar! Sie braucht nur die Rolle der Gastgeberin konsequent weiterzuspielen und

1. jedem die Hand zu reichen (▸ ab S. 28), auch um seinen Namen zu erfahren, sowie
2. eine Gemeinsamkeit herzustellen: »Lassen Sie uns auf das Kennenlernen anstoßen.«

Gastgeber – eine schöne Rolle

Ein überzeugender Gastgeber zeigt Ich-Stärke – für dynamische Personen ein Kinderspiel. Genießen Sie es ruhig, in Ihrem Revier Gäste selbstbewusst zu führen. Sie wollen wissen, wen Sie vor sich haben? Das erfahren Sie, ohne Fragen zu stellen. Halten Sie einfach den Blick einer Person so lange fest, wie Sie ihr die Hand schütteln; sie stellt sich dann automatisch vor. Wiederholen Sie den Namen. Nicken Sie ihr zu. Dann erst: zur Nächsten bitte.

Als Lockere spielen Sie Ihre Rolle geschmeidig und lässig. Gehen Sie trotzdem auf den Einzelnen ein. Sie wollen ja, dass man Sie mag; geben Sie jedem die Chance dazu. Und reichen Sie die Hand nicht über den Tisch: Das Risiko, Gläser umzuwerfen, ist zu groß; das Risiko, dass Sie über die Barriere hinweg statt Nähe Distanz aufbauen, auch. Gehen Sie auf jeden einzelnen Gast zu.

Traditionelle geben jeder Szene Struktur. Vermeiden Sie nur, Ihre Gäste sofort in Sachthemen zu verwickeln: »Was hat Sie in dem Vortrag besonders überzeugt?« Nein. Ihnen geht es zwar um die Sache, Ihren Gästen geht es aber im Moment um Sie.

Sie wollen, von natürlicher Bescheidenheit geleitet, niemanden unterbrechen? Ihre Gäste warten geradezu darauf, von Ihnen betreut zu werden. Betrachten Sie sich nicht als Gastgeberin, weil Ihr Chef eingeladen hat? Schade, Ihre Gäste nehmen Sie nämlich trotzdem in dieser Rolle wahr. Enttäuschen Sie sie bitte nicht.

... und als Gast lassen Sie sich leiten

Als Gast wie jeder andere haben Sie nicht den Statusvorteil des Gastgebers. Wie war das, wenn Sie als Kind bei anderen mitspielen wollten? Genau: Sie haben gefragt, ob Sie mitspielen dürften. Das tun Sie jetzt auch – natürlich nicht wörtlich: »Darf ich mich zu euch gesellen?« Wollen Sie lieber um »ein Plätzchen« bitten, für Ihr Glas oder für sich selbst – auch fein. Und was sollten Sie damals im Kindergarten sagen, wenn Ihnen eine Bitte erfüllt wurde? Das Zauberwort. »Danke« passt auch hier. Dabei nicht demütig auf den Boden gucken, sondern den Leuten ins Gesicht. Vielleicht meint jetzt jemand: »Wir reden gerade über die Band.« Dann sagen Sie bloß nicht: »Mir egal, ich bin die Susi.« Sie wurden eingeladen mitzuspielen bzw. mitzusprechen. Dass Sie die Susi sind, sagen Sie später. Wenn Sie erfahren wollen, wer die anderen sind.

Spricht die Gruppe ungerührt weiter, fühlen Sie sich vielleicht ausgegrenzt. Weg mit der Blockade! Denken Sie: »Mal sehen, wie es weitergeht.« Nicken Sie, murmeln Sie mal ein »Ach«, mal ein »Oh« vor sich hin – immer schön mit Blickkontakt. Kommentieren Sie: »Das sehe ich genauso.« Fragen Sie: »Darf ich da einhaken?«. Man gewöhnt sich an Sie. Sie sind drin.

Starren die anderen Sie jedoch erwartungsvoll an? Dann sind Sie dran: »Wo ich euch schon unterbrochen habe: Ich bin die Cousine der Braut. Die Susi.« Reicht man Ihnen die Hand? Prima. Tut man es nicht? Auch prima. Die Gruppe bestimmt die Regeln.

Schauen, was geht: ganz individuell

Eine Gruppe aus der Ferne beobachten, das fällt Natürlichen nicht schwer. Verpassen Sie bei aller Diskretion nicht den Moment, in dem Sie eingeladen werden, näherzutreten. Lockere stellen sich einfach lächelnd dazu. Das kann funktionieren; wundern Sie sich aber nicht, wenn jemand Sie plötzlich kritisch beäugt: »Wie lange belauschen Sie uns eigentlich schon?« Dynamische präsentieren sich wie immer gut. Darauf kommt es ja (auch) an; keiner hängt sich gern einen Schwächling ans Bein. Doch stehlen Sie niemandem die Schau. Stellen Sie sich dem Gruppenmitglied, das am meisten spricht, gegenüber, so dass es Sie im Blick hat. Sobald die Person, die (wenn auch nur momentan) den höchsten Status in der

Gruppe hat, Ihnen zunickt, sind Sie aufgenommen. Eine traditionelle Dame ginge nie allein auf eine Gruppe zu, weder auf Alphatiere noch auf Schmusekätzchen; sie lässt sich in die Gesellschaft einführen. Kein Problem, solange ein Herr der alten Schule das für sie übernimmt. Er tut so etwas übrigens gern.

Namen lernen und wiederfinden

Können Sie sich Namen schlecht merken? Den Personen, deren Namen Sie sich nicht merken, geht es wohl ähnlich. Tun Sie dennoch alles, um einen Namen zu behalten: Sprechen Sie ihn aus. Fragen Sie bei einem schwierigen Namen, ob Sie ihn richtig verstanden haben und korrekt aussprechen. Bitten Sie um eine Merkhilfe (Gedächtnis trainieren ▸ S. 159).

Haben Sie einen Namen trotzdem vergessen? Stellen Sie sich der Person, die Sie kennen sollten, noch einmal vor; dann tut sie es auch. Oder fragen Sie Dritte. Müssen Sie ausgerechnet die Person, deren Namen Sie vergessen haben, vorstellen, beginnen Sie langsam: »Darf ich bekannt machen?« Richten Sie den Blick auf die Person, deren Name gesucht ist. Sie ergänzt jetzt automatisch Ihren Satz und stellt sich selbst vor. Ist so ein Trick nicht Ihre Art? Dann ran: »Bitte sagen Sie mir Ihren Namen noch einmal.«

PREISFRAGE OHNE PREIS: IN EIGENER SACHE I

Stellen Sie sich vor, Sie begegneten auf einer Party der Autorin. Was meinen Sie: Welche Stil-Karte spielt sie am liebsten? Natürlich haben auch Lektorat und Redaktion ihre Stilvorlieben eingebracht. Und doch bleiben die Vorlieben der Autorin kein Geheimnis. Auf ▸ S. 146 wird es gelüftet.

FLIRTEN: KANN MAN LERNEN

Ich-Stärke plus Menschenkenntnis – die Kombination der beiden führt auch beim Flirt zum Erfolg. Nicht nur online. Erkennen Sie die Bedürfnisse Ihres Gegenübers. Sprechen Sie seine Sprache. Verstellen Sie sich nicht. Das ist die Grundidee dieses Buches. Obwohl es kein Flirtkurs ist. Wollen Sie Ihr Glück bei Tanzveranstaltungen suchen? Tanzkurse erfreuen sich derzeit größter Beliebtheit – und erleichtern das Flirten. Vor dem Fortgeschrittenenkurs können Sie Ihre Schrittfolgen im Internet prüfen (▶ S. 159).

DEKORATIV HERUMSTEHEN: GAR NICHT SO SCHWER

Du sollst immer gerade stehen, und du sollst dir vor dem Essen die Hände waschen. Das sagen Mütter und Großmütter. Und die Etikette. Doch wie sieht die Realität bei einer Party aus?

Wohin mit Glas und Häppchen?

Der Genuss von Canapés, Spießchen, Süppchen im Glas, Oliven und Nüssen ist oft getrübt, weil der Mensch nur zwei Hände hat. Und weil liebe Mitmenschen gerade dann zum Handschlag ausholen, wenn man eh nicht weiß, wohin mit allem. Wollen Sie trotzdem durchweg eine gute Figur machen? Dann haben Sie diese Möglichkeiten:

- Sie essen vor oder nach dem Fest, in Gesellschaft aber nicht. Für disziplinierte Traditionelle und asketische Dynamische.
- Sie essen nur, was Sie mit einem Mal in den Mund befördern können. Für genussorientierte Lockere ein Problem.

- Sie stellen sich an einen der meist raren Stehtische oder eine Fensterbank. Für strategische Dynamische. Herren der alten Schule sichern ihrer Begleiterin einen Platz. Bescheidene Natürliche nehmen anderen lieber keinen Vorteil weg.
- Sie üben, einhändig Serviette, Glas und Teller gleichzeitig zu jonglieren. Nichts für Dynamische und Lässige. Schafft das ein Lässiger aber locker: cool.
- Sie führen Speisen wegen der Hygiene nur mit der Hand zum Mund, die Sie nicht zum Handschlag verwenden. Es wird die linke Hand sein. Üben. Für Traditionelle und Natürliche. Dynamische und Lockere denken nicht an so etwas. Obwohl Oma und die Etikette vor Bazillen warnen.
- Sie bedeuten dem Gast, der Ihnen die Hand hinstreckt, nonverbal, notfalls demonstrativ kauend: Es geht jetzt wirklich nicht. Für Traditionelle undenkbar.

Ihr Körper soll sprechen, nicht plappern

Es ist leichter, mit dem Mund als mit dem Körper zu lügen; deshalb wird in Mimik, Gestik und Haltung intensiv nach »wahren« Botschaften gesucht. Regisseure, Kommunikationsexperten, Psychologen und die Etikette raten darum: Achten Sie darauf, dass die Aussagen Ihres Körpers Ihren Absichten entsprechen. Gerade wenn Sie bei einem Empfang allein im Raum stehen und – zu Recht – den Eindruck haben, Sie würden (an)gesehen. Sobald Sie sich aber fragen »Wohin mit meinen Händen?«, läuft etwas falsch. Denn dann sind Sie mit sich beschäftigt und nicht mit dem Geschehen im Raum. Schauen Sie sich lieber andere Besucher an, kümmern Sie sich als Gastgeber um Ihre Gäste. Schon sind Ihre Gedanken positiv ausgerichtet, und das signalisiert Ihr Körper – sowohl Ihnen als auch denen, die Sie (hoffentlich) im Blick haben.

STEHEN SIE GUT!

Von Fuß bis Kopf: So machen Sie was her

Stellen Sie sich so hin, dass Ihre Fußspitzen etwas zueinander zeigen. Bleiben Sie eine Weile so stehen. Spüren Sie nach: Verlagern Sie nach und nach Ihr Gewicht auf ein Bein? Drücken Sie das Knie des Standbeins durch, lassen Sie die Schultern hängen? Neigen Sie den Kopf und korrigieren Ihre Kleidung, Ihr Haar, Ihre Brille? Sie kommen sich so langsam dümmlich vor, stimmt's? Jedenfalls sehen Sie so aus. Weil Sie sich schlecht fühlen. Kein Wunder, dass Sie so nicht gut ankommen. Drum: Bemerken Sie, dass Sie auch nur eines der negativen Signale senden, geht's auf zum Gegenprogramm:

- Die Füße parallel oder die Spitzen ganz leicht nach außen gerichtet stellen,
- das Körpergewicht auf beide Beine verteilen,
- die Knie lockern,
- die Schultern zurücknehmen, die Arme hängen lassen,
- den Kopf gerade halten,
- nur absichtliche Schritte und Gesten machen,
- ruhig atmen.

Jetzt können Sie auf Ihre Zielpersonen zugehen, Sie werden mit Interesse aufgenommen. Weil Sie sicher, offen und deshalb interessant wirken.

Stilvoll stehen je nach Stil

Traditionelle brauchen dieses Training nicht zu machen; Haltung bewahren sie sowieso – und zwar in jeder seelischen Verfassung. Lockern Sie aber bei Stress Ihre Schultern, damit man Sie nicht für steif und unflexibel hält. Sportliche Natürliche wirken nie steif. Achten Sie nur darauf, dass Sie nicht als wohlwollender Beobachter am Rand stehen bleiben und dort zur Randfigur schrumpfen: Ab in die Mitte. bitte. Lockere und Disziplin? Passt nicht so recht zusammen. Vergraben Sie aber nicht die Hände in den Hosentaschen. Mit solchen kleinen Nachlässigkeiten würden Sie sich unter Wert verkaufen. Dynamische kennen ihren Wert und zeigen ihn. Sie machen dafür leicht einmal hektische Schritte und Gesten. Souverän wirkt das nicht. Können Sie – dem Ziel zuliebe – einen Gang runterschalten?

SPOTLIGHT AN:
EINE **SCHÖNE REDE** BITTE

»Bitte herhören. Ich heiße Ulf Zoller und Sie herzlich willkommen.« Solche Kalauer passen nur in Büttenreden. Verzichten Sie bei Ihren Ansprachen ganz darauf. Ob Sie Gäste begrüßen oder verabschieden oder ob Sie als Gast eine vorbereitete Tisch- oder eine spontane Dankesrede halten.

Beginnen Sie sofort mit dem Brückenschlag: »Sie sind hier, weil …«, »Ihr seid gekommen, um zu …« Wenn Sie Wünsche und Erwartungen Ihres Publikums thematisieren, brauchen Sie nicht um Aufmerksamkeit zu betteln. Ans Glas klopfen, um sich Gehör zu verschaffen? Total uncool. Kreative Redner sorgen mit hintergründigen Zitaten, aktuellen Zeitungstiteln oder rhetorischen Fragen für Aha-Effekte. Humor ist eine Wunderwaffe: Wer Ihren Einstieg verpasst hat, spitzt sofort die Ohren, wenn die anderen lachen.

Erhöhen Sie die Spannung, platzieren Sie Ihre offizielle Anrede erst danach. Geschickte Redner bitten zuerst einmal alle ins Boot: »Sehr geehrte Damen und Herren« oder »Liebe Freunde«. Danach erst würdigen sie die Honoratioren – einzeln oder in Gruppen (»die Gemeinderäte«). Mehr als fünf Einzelne sollten es nicht sein: keine Inflation! Der gesunde Menschenverstand hilft bei der Sortierung weiter als das offizielle Protokoll: Allen Anwesenden sollte einleuchten, warum manche Personen herausgehoben werden, andere nicht. Die Top 3 sind – in genau dieser Reihenfolge: 1. Jubilare, 2. Gastgeber, 3. Mandatsträger.

Die Struktur des Hauptteils ergibt sich aus Anlass und Anliegen: Vom Gastgeber werden zumindest freundliche Worte über die Gäste und Informationen über den Ablauf erwartet. Gäste sollten in ihren Dankesworten a. die Gastgeber, b. Ambiente und Kulinaria, (sie brauchen nicht jedes Brokkoliröschen zu erwähnen), c. die ach so reizende Gästeschar würdigen.

»Ende nix, alles nix.«, soll Max Horkheimer gesagt haben, wobei man von einem deutschen Philosophen gar nicht so einen knackigen Spruch erwartet hätte. Was soll am Ende Ihrer Rede in Erinnerung bleiben? Resümieren Sie Ihr Anliegen in einem – kurzen! – Satz. Fordern Sie die Gäste zum Austausch auf: »Unterhalten Sie sich gut.« Motivieren Sie als Gast die anderen, auf das Wohl der Gastgeber anzustoßen: »Danke von uns allen!«

Bühne frei: Ihr Publikum will applaudieren

Was sagen Sie wie? **Lockere Redner** bereiten Reden nicht vor: »Ich bin nur gut, wenn ich spontan bin.« Ein Raster für den Notfall würde Ihre Spontaneität aber nicht behindern, sondern fördern. Zum Beispiel dieses:

1. Herzen gewinnen: Kontakt herstellen. Das schaffen Sie als Lässige locker.

2. Spannung erzeugen: Fragen in den Raum stellen, Rätsel aufgeben. »Wisst ihr, was sich Tobi in Frankreich geleistet hat?«

3. Spannung lösen: »Nein, es war kein Absturz. Er hat sich dort – Frankreich, Leute! – verliebt.« Eine Anekdote noch; in der Begeisterung Bezüge zum Publikum nicht vergessen.

4. Zur Aktion auffordern: Klatschen, auf die deutsch-französische Freundschaft trinken, usw. Ende was, alles was.

Traditionelle bereiten sich vor, haben Fakten recherchiert, den Text formuliert, den Auftritt geübt. Hoffentlich nicht vor dem Spiegel, denn da hätten sie sich nur (noch mehr) verkrampft. Üben? Wenn schon, dann mit Videokamera. Herren alter Schule gefallen sich oft in Lobgesängen auf die Damen. Emanzipierte Frauen finden solche »Damenreden« antiquiert. Wundern Sie sich nach Ihrem Minnesang also nicht über schwachen Applaus von Frauenseite.

Dynamische finden es klasse, wenn andere ihnen zuhören, und kneifen nicht vor einer Rede. »Eva, bitte ein paar Worte.« – »Klar!« Ist Eva schlau, springt sie aber nicht sofort auf, sondern nimmt sich das Recht, sich zu sammeln: »Klar, sobald der Kaffee serviert ist.« Schnell zieht Eva ein flottes Zitat und ein Rederaster aus ihrem Gedächtnis. Scheinwerfer an! Teilen Sie aber Ihre Power ein. Nicht stark anfangen und dann stark abfallen. Halten Sie durch. Bis zum Schlussapplaus. Sie wollen ihn sich schließlich verdient haben.

Natürliche scheuen öffentliche Auftritte und reden nur, wenn es unumgänglich ist, z. B. am 80. Geburtstag der Patentante, die stets so gütig war. Wenn Sie ins Rampenlicht treten: Stolpern Sie nicht hinein. Suchen Sie sich eine Stelle, von der aus Sie alle und alle Sie sehen und hören können. Bitten Sie eine vertraute Person, für Ruhe zu sorgen. Jetzt einatmen, Luft anhalten, doppelt so lange aus- wie einatmen, mit leeren Lungen innehalten, einatmen. Schauen Sie in die Runde. Reden Sie. Sie müssen nicht laut sprechen, wenn Sie klar artikulieren. Und Sie wirken menschlich, wenn Sie beim Applaus rot werden.

LÄCHELN, NICHT ZÄHNE ZEIGEN: AUSTAUSCH MIT AUGENMASS

Smalltalk ermöglicht es, sich in harmonischer Atmosphäre zu beschnuppern: bei geschäftlichen Events, feierlichen Festen, Partys und, ja, beim Flirt. Fallen Sie nicht mit der Tür ins Haus, sprechen Sie nicht sofort übers Geschäft. Auch nicht über Politik oder Religion; Sie wissen noch nicht, was wie ankommt. Verzichten Sie auf Vertraulichkeiten; Sie könnten dem Gegenüber zu nahe treten. Wollen Sie ein Thema beenden, lenken Sie das Interesse um. Seien Sie nett zueinander, machen Sie Smalltalk. Soweit die Etikette.

Kleine Unterhaltung? Große Kunst!

So halbwegs bekommen die meisten Menschen einen Smalltalk ja hin. Wenn sie müssen. Suchen Sie nicht krampfhaft nach intelligenten Sprüchen. Reden Sie lieber darüber, was sie gerade miteinander erleben: die Party, das Essen, die Band. Nutzen Sie dann Ihr Umfeld als Sprungbrett zu weiteren Themen: Freizeit und Sport, Restaurants und Kochen, Hobbys und Reisen. Gehen Sie thematisch auf andere zu (»Ich auch!«) statt sie zu bewerten (»Belgien? Was wollen Sie denn da?«). Konzentrieren Sie sich auf Geschichten und, besser noch, Pläne: »Was, Belgien? Erzählen Sie!«

Austausch am Tisch: mit Knigge-Karten

Stellen Sie sich auf Ihr Gegenüber ein, läuft der Smalltalk von selbst (Stilvorlieben anderer erkennen ▶ ab S. 20; sich daran orientieren ▶ ab S. 60). Smalltalk-Muster sind aber nur Schablonen. Niemand spielt immer die gleiche Karte – auch Sie nicht. Sie brauchen etwas Zeit, um andere einzuschätzen und auf sie einzugehen. Und viel Zeit, um das zu üben. Zur Orientierung:

Verhält sich Ihr Gegenüber locker und heiter? Da haben Sie Glück. Sprechen Sie weich und umgangssprachlich: »Echt? Wow!« Wählen Sie verbindende Wörter: »gemeinsame Sache, in einem Boot, harmonisch«, usw. Tun Sie etwas Schönes mit ihm: anstoßen, nette, am besten wichtige Leute aufsuchen. Verlangen Sie keine verbindlichen Entscheidungen; Lockere legen sich nicht gern fest.

Geraten Sie an einen Traditionellen, geht es gemächlich zu. Hat er eine Affinität zum Natürlichen, lässt er Sie aber nicht im Stich. Sprechen Sie langsam, leise und klar. Begründen und strukturieren Sie Ihre Aussagen: »Wir haben das Lokal gewählt, obwohl es 9,5 km vom Zentrum liegt, weil a. die Pasta immer *al dente* ist und b. der Service präzise.« Hüllt sich der Traditionelle in größerer Runde in Schweigen? Vielleicht zu viel Gefühl für ihn. Oder alles zu laut. Treiben Sie ihn nicht in die Enge. Blickkontakt, Nicken und Fragen nach seinen Erfahrungen geben ihm die Sicherheit zu sprechen.

Der Natürliche hört gut zu und schweigt gern mal. Erwidern Sie sein freundliches Nicken. Begegnen Sie ihm mit Respekt. Motivieren Sie ihn: »Erklären Sie mir bitte noch …« Bei seinem Lieblingsthema kann er belehrend werden. Weisen Sie ihn aber weder ab noch zurück. Bremsen Sie ihn mit einem Themenwechsel.

SMALLTALK INTERNATIONAL

Im internationalen Vergleich käme Deutschland beim Smalltalk-Wettbewerb nicht auf den ersten Platz. Dafür sind wir zu sachlich. Unter den Gewinnern wären Frankreich, Großbritannien, die USA, wo mit Themen lockerer jongliert wird. Zwar gibt es überall Lieblings- und Tabuthemen; der Umgang damit ist aber spielerisch. Deutsche vermissen z. B. bei Geschäftsessen den Tiefgang. Doch gegenseitige Charakteranalyse ist ja hier nicht das Ziel.

MOTIVATIONSKUR FÜR **NICHT-TALKER**

Für Lockere ist Smalltalk die Königsdisziplin. Können Sie dem Talk nichts Positives abgewinnen, kommen aber nicht immer drum herum? Führen Sie sich den Nutzen vor Augen: Natürlichen ermöglicht er, ein Gefühl für die Menschen zu entwickeln, ohne sie emotional zu überfordern. Für Dynamische ist er ein guter erster Schritt. Und wie motivieren sich Traditionelle? Ein unverbindliches Gespräch ist ideal, um auf Distanz zu bleiben. Wird es Ihnen zu privat, das Thema wechseln. »Du gehst doch zum Trekking nach Nepal. Wie organisiert man das?«

Der Dynamische führt sogar in großer Runde das Wort. Wollen Sie ihm imponieren? Unterstreichen Sie Ihre klaren Worte mit schnellen, zeigenden Gesten. Hat er einen hohen Status, sichern Sie sich ab: »Was halten Sie davon, wenn wir Kaffee bestellen?« Ein Dynamischer ohne lockeren Touch scheut sich nicht, andere zu unterbrechen oder anzugreifen. Diese Energie kanalisieren Sie durch klare Ansagen: »Ich schlage vor, wir wechseln das Thema.« Er wird nicht murren. Weil er nie murrt. Weil er kein Spielverderber ist. Und weil er eine starke Instanz akzeptiert. In dem Moment.

Andere einbinden: Spielen Sie Moderator

Sie stehen mit Geli und Ulli zusammen, da kommen Tina und Nino hinzu, die die beiden nicht kennen. Wie bringen Sie sie nach dem Vorstellen (▶ ab S. 77) miteinander ins Gespräch? Gemäß der Konvention schneiden Sie ein Thema an, das alle neuen Bekannten interessiert: Alle Golfer? Alle aus Wuppertal? Alle schon »Cats« gesehen? Das ist ein Selbstläufer. Wissen Sie jedoch nichts Persönliches über die Menschen, die Sie vernetzen wollen, z.B. bei einer Riesenparty? Oder wollen Sie nichts ausplaudern, etwa bei einer

Kundenveranstaltung oder wenn Sie mit Ihrem Partner auf Ihre Chefin treffen? Sie haben es mit Erwachsenen zu tun, trauen Sie ihnen zu, dass sie sich entsprechend benehmen. »Sie haben sich auch für den Rotwein entschieden?« Schauen Sie in die Runde. Mit einem lockeren, ermunternden Lächeln. Warten Sie ab; irgendjemand wird antworten. Ob er dann über den Rotwein spricht oder etwas völlig anderes, ist gleichgültig: Hauptsache, die Leute reden miteinander.

Andere reden lassen – das können Sie sogar als Dynamische und Lockere. Doch solange Sie reden, reden die anderen nicht. So banal ist das. Mit dem Zuhören tun sich Traditionelle nicht schwer. Bitte den Blickkontakt halten. Und die Natürlichen? Sie dürfen ruhig mal andere arbeiten lassen. Gute Moderatoren halten sich zurück.

Glückwünsche – das schönste aller Themen

Konkret, wertschätzend, persönlich: es verlangt eine Portion Disziplin, immer so zu kommunizieren. Beim Gratulieren kommen Sie um diese Anforderungen auf keinen Fall herum.

Gratulieren leicht gemacht

Geburtstagskarten, Briefe zum Firmenjubiläum, Hochzeitszeitungen werden vorbereitet. Ein mündlicher Glückwunsch bitte auch, zumindest ein paar Sekunden. Zur Unterstützung ein Raster:

1. Nennen Sie den Anlass: Abitur der Nachbarstochter, runder Geburtstag, Silberhochzeit der Pateneltern, usw.
2. Stellen Sie Ihren Bezug zu Jubilar und Anlass dar: Sie haben vor der Prüfung mitgezittert und freuen sich jetzt umso mehr, Sie feiern zum 20. Mal mit, usw. Eine Anekdote dazu passt immer.
3. Kommentieren Sie Ihr Geschenk. Nein, Sie überreichen keine »Kleinigkeit«. Selbst wenn Sie nur 9,80 Euro investiert haben: »Ich habe dieses Taschenbuch für dich ausgesucht, weil … «

GESCHENKE: GEBEN UND NEHMEN

Sie wollen die Augen des Empfängers beim Betrachten des Geschenks leuchten sehen? Dann sorgen Sie dafür. Wählen Sie ein Geschenk weniger nach dem (hohen) Preis als nach Geschmack und Wünschen des Empfängers.

Als Jubilar packen Sie ein Präsent so früh wie möglich aus: in einer kleinen Gästeschar sofort oder nach dem Essen, bei großen Festen am Tag danach. Danken Sie persönlich. Immer (▶ S. 132). Freuen Sie sich. Immer. Auch wenn das Geschenk Ihnen nicht gefällt: Die Mühe können Sie doch würdigen, oder?

4. Wünschen Sie einem Geburtstagskind nicht »Gesundheit, Frohsinn, langes Leben«. Keine Stereotypen. Was plant der Feiernde? Wovon träumt er? Wünschen Sie ihm, was er sich wünscht.

Zählen Sie sich als Lockere und Natürliche die Punkte an den Fingern ab; dann kommen Sie nicht – heiter oder verkrampft – aus dem Konzept. Fassen Sie sich als Traditioneller kurz, auch wenn Sie die Vita des Jubilars auswendig kennen. Sprechen Sie über ihn, selbst wenn Sie als Dynamischer lieber über sich sprechen würden.

»Und tschüss«: So kommen Sie wieder weg

Ewig müssen Sie nirgendwo bleiben. Beenden Sie eine Unterhaltung aber so, dass der andere nicht das Gesicht verliert – und Sie selbst auch nicht. Erfüllen Sie seine Wünsche – auf Ihre Art:

1. Er braucht Anerkennung. Geben Sie ihm positives Feedback: »Es war klasse, dich zu treffen.« Sprechen Sie in der Vergangenheit. Sagen Sie nicht: »Es ist klasse.« Sonst stehen Sie noch lange dort.

2. Er sucht Nähe. Bieten Sie sie ihm, irgendwann: »Wir sehen uns.« Das Sprechen in der Gegenwart rückt die Zukunft näher.

3. Er will Ehrlichkeit. Wollen Sie mit ihm reden, gehen Sie auf ihn
   ein. Wenn nicht, gehen Sie: »Ich sehe mich mal um. Bis dann.«
Einem Traditionellen danken Sie mit ernstem Blick. Wünschen Sie
ihm »noch interessante Erkenntnisse«. Als Traditioneller nehmen
Sie sich die Zeit, Ihre Strategie zu analysieren. Anstatt eine Dame
stehen zu lassen, vermitteln Sie ihr eine andere Begleitung.

Einen Natürlichen bitten Sie um Hilfe: »Ich möchte weitere
Gäste begrüßen. Erlauben Sie?« Einem natürlichen Sprecher bricht
dabei das Herz. Dabei helfen Sie durch Ihr Weggehen dem Gegenüber, Gespräche mit interessierteren Leuten als Ihnen zu führen.

»Das muss ich Ihnen unbedingt noch …« Ein Lockerer sucht
Gesellschaft; besorgen Sie sie ihm, führen Sie ihn zu einer Gruppe.
Als Lockerer zeigen Sie bitte Flagge, so schwer es fällt. Mit »Ich bin
gleich wieder da« zu verschwinden, wäre nicht nett.

Ein Dynamischer kommt selbst zurecht, findet den Kontakt,
den er will, und braucht Ihre Eskorte nicht. Sind Sie selbst dynamisch, riskieren Sie, mit einem allzu flotten Abgang zu brüskieren:
die Lockeren, die Natürlichen und die Traditionellen. Fast alle.

BLAMAGE–PROPHYLAXE

Machen Sie einen guten Eindruck und vermeiden Sie diese Fettnäpfe:

- Anlässe umfunktionieren: statt einer leichten Unterhaltung Fachgespräche oder Diskussionen anzetteln; eine Tischrede für eine programmatische Stellungnahme benutzen; bei einer Gratulation kritisieren
- Grenzen überschreiten: das Gespräch an sich reißen; indiskrete Fragen stellen; Intimitäten ausplaudern
- andere anöden: langweilige Reden; Monologe; auf Themen beharren
- Smalltalk-Stile missachten: Bedürfnisse nach Nähe und Distanz übersehen

Machen Sie
das mal
bitte schriftlich

Informativ, lebendig und persönlich – so sollte ein Text sein. Wäre jedes Schreiben so, wanderte nicht so viel Post ungelesen in »die Ablage P«, den Papierkorb des Rechners oder unter dem Schreibtisch. Was fördert die Lust des Lesers an der Lektüre?

HERAUSGELESEN: DAS PASSENDE MEDIUM

»Hallo Ihr Lieben!« Sie sehen beim Öffnen der E-Mail einer Freundin diese Anrede. Welche Bilder gehen Ihnen da durch den Kopf? Und welchen Film sehen Sie vor Ihrem inneren Auge, wenn Sie einen gefütterten Briefumschlag aus dem Briefkasten nehmen, darauf eine Sonderbriefmarke und Ihre Adresse in Schönschrift? Im zweiten Fall lesen Sie auf Anhieb einen bedeutenderen, gewichtigeren Inhalt in die Nachricht hinein als im ersten. Das ist kein Wunder: Für Marketing-Fachleute gilt die Gleichung »Inhalt + Verpackung = Produkt«. Für Korrespondenz-Experten bedeutet das: »Inhalt + Medium = Botschaft«. Wie das Etikett der Flasche den Vor-Geschmack des Weines prägt, so beeinflusst das Medium die Erwartung des Empfängers. Mit diesem Wissen können Sie spielen – gezielt, individuell, geschickt. Damit der Leser schon beim ersten Blick genau das erkennt, was er erkennen soll.

Schnecke oder Gepard: Wege zum Empfänger

Papier und Tinte und damit die »Schneckenpost« kommen immer seltener zum Einsatz; wir haben ja alle so schrecklich wenig Zeit zum Schreiben. Und das Warten auf eine Antwort sind wir auch nicht mehr gewohnt. Der Briefkasten an der Haustür bleibt oft leer, stattdessen füllt sich die Festplatte des Computers.

DER WEG IST FAST DAS ZIEL.
ODER: **DAS MEDIUM** SCHREIBT MIT

Wann wem wie schreiben? Die Antwort finden Sie hier. Die Übersicht zeigt Ihnen, wie die verschiedenen Wege der schriftlichen Kommunikation wirken und wie sie unter welchen Bedingungen in welchen Kontext passen – damit Sie sich schnell und leicht entscheiden können.

	Brief oder Karte mit Umschlag	Postkarte	E-Mail	SMS
Einladung	hohes Niveau, Eleganz	mittelhohe Erwartung	mittelhohe Erwartung	lockere Party oder im Voraus *save the date*: Einladung folgt
Zusage	formvollendet	—	praktisch für Sender und Empfänger	informell, kurzfristig
Absage	formvollendet	—	informell	kurzfristig; darüber hinaus Anruf sinnvoll
Gratulation zum Geburtstag	wertschätzend	Motiv: esoterisch bis witzig; auch als E-Card	informell	informell
Gratulation zur Hochzeit	wertschätzend	—	—	—
Kondolenz	wertschätzend	—	—	—
Festtagsgrüße	wertschätzend	nach Motiv: informell bis witzig	nach Motiv: esoterisch bis witzig	nur zusätzlich zu anderem Weg
Urlaubsgrüße	—	üblich	reizvoll mit Fotos	spontan

Der Fortschritt in der Kommunikationstechnik ermöglicht es inzwischen sogar, Dokumente, die als Beweismittel bei Gericht Bestand haben müssen, anstatt »mit Brief und Siegel« auf elektronischem Weg zu versenden – blitzschnell, verschlüsselt, fälschungssicher. Also ab ins Museum mit dem alten Plunder?

Im Gegenteil: Dass der handschriftliche Brief so selten ist, steigert seinen Wert. Wie viel mehr Mühe steckt in einem von Hand verfassten Schreiben als in einer in die Tastatur getippten E-Mail; wie anerkennend und persönlich wirkt daher ein Brief oder eine mit Bedacht gewählte Doppelkarte im Umschlag.

Deshalb könnte die Marketing-Weisheit über den Einfluss der Verpackung auf den erwarteten Inhalt ergänzt werden durch die Formel »Zeitinvestition + Seltenheit = Wertschätzung«. Da lohnt es sich doch, Federhalter und Tintenfass noch nicht zu entsorgen. Und bei Gelegenheit zu verwenden. Denn Kugelschreiberschrift auf feinem Bütten entspräche sinngemäß der Stilkombination Gesundheitsschlappen zum Anzug.

Die Knigge-Stile geben unterschiedlichen Medien den Vorzug: Traditionsbewusste nutzen die formelle Wirkung von Federhalter und Papier. Sie laufen nicht Gefahr, einen Brief zu spät zur Post zu tragen; ihre Kalender sind stets perfekt geführt. Bei dynamischen Schreibern ist der Füllfederhalter seit der Schulzeit eingetrocknet; sie tippen lieber vom Crosstrainer aus Nachrichten ins Smartphone. Wenn das sein muss, schicken Sie bitte eine Gratulation beim Morgentraining los und nicht erst nach der Tageshektik kurz vor Mitternacht. Als Lockere machen Sie es ähnlich oder kaufen im Vorbeigehen am Kiosk Karten mit witzigen Motiven. Aber Vorsicht: Bei einem ernsten Inhalt verwenden Sie besser nur ein weißes Blatt oder eine hochwertige Karte. Natürliche Pragmatiker können unterscheiden und versenden rein Informatives elektronisch, persönlich Wertschätzendes auf Papier.

SCHREIBEN 2.0:
DU SOLLST **NICHT LANGWEILEN**

Der Empfänger soll Ihre Post gern lesen, komplett und konzentriert? Dann befolgen Sie die sieben Gebote des Schreibens. Sie lauten: **Du sollst ...**

1. **abspecken:** Schlank ist chic, auch bei der Wortwahl. Wozu einen »Telefon- anruf« ankündigen? »Anruf« genügt. Und wenn Sie »unter Zuhilfenahme eines Stiftes« schreiben, können Sie das ohne Verlust schlicht »mit dem Stift« tun. Das ist eine Tatsache, die nicht zur »vollendeten« Tatsache aufgebläht werden muss. Und »ich« ist nicht weniger, sondern weit mehr als »meine Wenigkeit«.

2. **Sätze leben lassen:** Zu viele Substantive töten Ihren Text – und den Nerv des Lesers. »Wir sehen uns nicht in der Lage?« Na wo sehen Sie sich denn? Leserfreundlicher ist: »Wir können dies nicht, dafür aber das«. »Aufgrund Ihrer Mitteilung erhalten Sie hiermit die Bestätigung, dass die Erledigung Ihres Auftrags mit großer Wahrscheinlichkeit ...« Nein! »Danke für Ihre Frage. Sie erhalten die Ware voraussichtlich ...«. Ja.

3. **nicht leiden:** Das Projekt »ist nicht realisierbar«, das Schreiben »wird fertiggestellt«, wenigstens das. Ja und dann »werden Sie benachrich- tigt«. Geholfen werden Sie, wie ein mit Sprachwitz spielender Werbespot verspricht, also noch lange nicht. Ohne Passiv-, also Leide-Formen ist die Sache schneller klar. Nennen Sie Ross und Reiter: »Wir helfen Ihnen. Und das sofort. Und gern.« Yessss.

4. **nicht ohne Punkt und Komma schreiben:** Kurze Zeilen und Absätze sind die deutlichsten Gliederungsmittel. Außerdem gilt: Wer Punkt und Komma nicht ehrt, ist der Lektüre nicht wert. Und diese Satzzeichen sind nicht die einzigen. Es stehen noch zur Verfügung: das Semikolon, das allein durch seinen Seltenheitswert Spannung erzeugt; Gedankenstrich und Doppel- punkt – sie schaffen ohne Worte Zusammenhänge; Fragezeichen und für wörtliche Zitate Anführungszeichen für den direkten Bezug des Sprechers zum Leser. Vorsicht aber mit Ausrufezeichen! Ein geschickter Autor muss nicht brüllen. Und wenn, dann nur im richtigen Moment.

5. **Schachtelsätze vermeiden:** »Wir hoffen auf Ihr Verständnis dafür, dass sich, weil bei der Verzollung ein Problem aufgetreten ist, die für den 2. Mai avisierte Lieferung bis 20. Mai verzögert.« Warum Haupt-Sachen in Neben-Sätzen verstecken? Klartext schreiben: »Sie erhalten die Ware statt am 2. am 20. Mai. Wir bitten Sie um Geduld.« – »Erlauben Sie mir, Ihnen die Frage zu stellen, ob Sie am 09.12. Zeit für mich hätten?« So nicht. Fragen Sie lieber: »Wann darf ich Sie am 09.12. besuchen?«

6. **nicht übertreiben:** »Ich bin fest davon überzeugt, wir kommen sehr schnell zu einem befriedigenden Ergebnis.« Eine geschliffene Sprache lässt auf einen Schreiber mit hohem Status schließen. Unterstreichende Wörter im Übermaß wirken hingegen nicht verstärkend, sondern – im Gegenteil – relativierend. »Ich weiß, wir schaffen das.« So formuliert ein gleicherma-ßen überzeugter wie überzeugender Schreiber.

7. **höflich sein:** Viele Abkürzungen sind leserfreundlich, z. B.: »z. B.«, »bzw.«, »usw.«. Andere sind unhöflich: »Hallo Fr. Wachter«. Bedauernswert, wer keine Zeit hat, um »Frau« auszuschreiben. Genauso tief unter der Höflich-keitsschwelle liegen Anschriften ohne Anredewort sowie Schlusskürzel à la »MfG«. Dann kann man auch gleich »kZfS« schreiben: »Keine Zeit für Sie.«

Stilkunde für Knigge-Stile

Für **traditionsbewusste** Autoren mit Vorlieben für Contenance und Form ist das siebte Gebot selbstverständlich. Sie tun sich aber oft schwer mit der Empfehlung, Klartext zu schreiben. Was dynamische und natürliche Leser stört. Versuchen Sie, wenigstens zwei weitere Gebote zu befolgen.

Natürlich-pragmatische, lockere und dynamische Autoren haben Floskeln gar nicht in ihrem Wortschatz. **Natürliche** Texte wirken dafür oft etwas trocken. Da könnten zwei, drei Fragen und Zitate Leben in die Zeilen bringen.

Dynamische tun manchmal des Knackigen zu viel, so wirken ihre knappen Aufforderungen wie »Ruf. Mich. An.« auf lockere und traditionelle Leser schroff. »Bitte« und »danke« können auch diese Autoren schreiben.

Locker geschriebene Briefe werden meist mit Freude gelesen. Bei ausufern-den Geschichten winken dynamische Adressaten aber ab, bei emotionalen Ausbrüchen traditionelle. Bitte auf die Gestaltung achten, Tippfehler korrigieren.

Wenn schon, denn schon: Korrespondenzlehre

Die Form der Geschäftskorrespondenz ist in Deutschland in
der DIN 5008 festgelegt (▸ S. 159), viele dieser Regeln stehen im
Duden. Sie beinhalten zum Einen gestalterische Vorgaben für das
Schreiben mit dem PC, z. B. zum Aufbau einer Anschrift oder zur
Anzahl der Leerzeilen zwischen den Elementen Datum, Anrede,
Textkörper, Schlussformel und Unterschrift. Darüber hinaus finden
Sie dort Regeln z. B. zu Abkürzungen oder zur Schreibweise von
Zahlen. Für Individualisten ist die DIN ein Gräuel. Aber diese
Normen sollen Sie nicht in Ihrer Kreativität beschneiden. Da sie
einen Rahmen für gute Lesbarkeit schaffen, geben sie Ihrer persön-
lichen Gestaltung von Geschäftsbriefen umso mehr Raum.

Fürs Netz: Netikette, denn irgendeiner liest es immer

Die Gebräuche aus den Anfängen der E-Mail-Korrespondenz –
Verzicht auf Layout und Anreden, Kleinschreibung, viele Abkürzungen, noch mehr Icons wie z. B. Smileys – konnten sich in
Deutschland nicht durchsetzen. Diese Stilmittel sind derzeit auf
den SMS-Gebrauch beschränkt. Gleichzeitig bilden sich immer
mehr spezifische E-Mail-Normen heraus, z. B. diese:

1. Ausrufezeichen nur bei echtem Bedarf verwenden.
2. Statt unendlicher Re-Antw-Re-Antw-Re-Geschichten neue
   E-Mails schicken.
3. Aussagefähige Betreffzeile formulieren: nicht »neue Version«,
   sondern: »Version 03 vom 07.07. 17:00 Uhr«.
4. Bei E-Mails an mehrere Adressaten diese differenziert
   anreden: »Sehr geehrter Herr Schuster, liebe Kollegen«.
5. Die Empfängerliste bei Sammelmails verbergen, wenn nicht
   alle wissen müssen, wer die Information erhalten hat.
6. Prüfen, wie Ihr Programm und die Mailserver mit Blind-
   kopien – B(C)C für *Blind (Carbon) Copy* – verfahren.

7. Beim Weiterleiten (Fwd. für *Forwarding*) persönliche Daten des Absenders entfernen – außer bei Notwendigkeit.
8. Keine Wörter in SCHREIENDE Großbuchstaben setzen.
9. Anhänge nur so umfangreich wie unbedingt nötig halten.
10. So schnell wie möglich antworten; bei längerer Abwesenheit die automatische Antwortfunktion *(Autoresponder)* aktivieren.
11. Die mangelnde Sicherheit im Netz bedenken.

SCHREIB-ANLÄSSE IM JAHRES- UND LEBENSZYKLUS

In allen Kulturen tragen Rituale zum Zusammenhalt der Gemeinschaft bei. Sitten und Gebräuche verleihen dem Leben und dem Miteinander einen Rhythmus. Die schriftliche Begleitung der Anlässe gehört dazu: Gratulationen, Weihnachtsgrüße, Kondolenzpost. Vertreter der alten Schule schätzen das und sind enttäuscht, wenn andere auf Rituale – so würden sie es nicht formulieren – »pfeifen«. Einfühlsame Natürliche fügen dem Standard eine gefühlvolle Note hinzu. Dynamische und Lockere empfinden »das ganze Theater« meist als lästige Pflicht. Wie weit entfernen Sie sich von den Ritualen, ohne Ihre Mitmenschen zu brüskieren?

Damit Gäste gern kommen: schön einladen

Eine Einladung soll den Empfänger a. informieren und b. zum Kommen motivieren. Deshalb gehören genaue Angaben hinein: Anlass, Datum und Uhrzeit, Ort und Anreisemodalitäten, Verpflegung sowie Rahmen und Grad der Förmlichkeit. Außer bei Banketten werden Einladungen auf dem PC in den notwendigen Varianten – Du/Ihr/Sie – verfasst und handschriftlich adressiert.

KLEIN, ABER FEIN:
EINLADUNG ZUM GEBURTSTAG

Angenommen, Sie feiern Ihren 30. Geburtstag im familiären Rahmen. Zum Fest laden Sie Ihre Vorgesetzte in einem persönlichen Brief ein. Die Eckdaten: Restaurant »Zum Kreuz« in Kappel. 27.01.2012 ab 19 Uhr. Festmenü. Wie sieht Ihr Einladungstext aus? Stop, schreiben Sie nicht gleich drauf los, sondern lösen Sie die Aufgabe typgerecht. Wie lautet Ihr Text, wenn Sie Ihre Chefin einschätzen als ...

- traditionell
- natürlich
- dynamisch
- locker?

Diese Aspekte könnten Sie bedenken

Eine Dame der **alten Schule** können Sie mit »Sehr verehrte Frau Merkel« anschreiben, andere Stilvertreter besser nicht. Sie liest auch Ihre Bitte gern, Ihnen »die Ehre zu erweisen«, andere eher nicht. Dass es Ihnen ein Anliegen ist, ihr Ihre Eltern vorzustellen, vernimmt sie mit Wohlwollen. Hier passt »Ich wäre Ihnen verbunden, wenn Sie ...«, bei anderen Stilen nicht.

Die **Dynamische** oder **Natürliche** ist mit der modernen Korrespondenzlehre vertraut: Information und Lebendigkeit vor! Nur zu mit »Guten Tag Frau Merkel« und einer Auflistung der Eckdaten. Da bei den natürlichen Stilvertretern der Anstand einen festen Platz hat, flechten Sie am besten Wendungen ein wie: »Ich bitte Sie um die Information bis ...« Oder: »Ich danke Ihnen bereits heute.« Dynamische sind bestens bedient mit: »Sind Sie dabei? Anruf oder E-Mail genügt.« Die Kontaktdaten unmittelbar anfügen; die Schnellen suchen nicht gern, auch nicht auf Briefbögen.

Im **lockeren** Stil geht es los mit »Liebe Frau Merkel« und weiter mit dem Versprechen, dass die Gute bei ihrer Feier »in netter Gesellschaft« sein wird. Schreiben Sie ihr ohne Scheu, Sie würden sich »riesig freuen, wenn Sie mit meinen Freunden auf meinen Geburtstag anstoßen. Feiern Sie mit?«

Fazit: Ihre Einladung ist gelungen, wenn die Empfängerin sich angesprochen fühlt und zugleich Ihren persönlichen Stil wiedererkennt. Wie Sie vermeiden, sich beim Einstellen auf andere zu verbiegen, lesen Sie ab S. 60.

Meister der alten Schule bitten eher zum gesetzten Dinner als zum Barbecue. Von ihnen werden vollendete Einladungen auf eigenen Briefkarten, bei größeren Festen sogar in gedruckter Form erwartet. Lockere lieben lässigere Partys und bereiten darauf mit heiteren Worten, Cartoons oder Fotos aus Kindertagen vor. Dynamische laden sogar zum runden Geburtstag per E-Mail ein oder delegieren die Korrespondenz an Menschen mit Hang zur Präzision. Natürliche setzen die Informationen auf ein schlichtes Blatt Papier. Das ist alles fein, so lange die Form stimmig auf das hinweist, was Ihre Gäste erwartet.

Die Seite des Gastes: Absagen, Zusagen

Ob einer Einladung ein Antwortformular beiliegt oder nicht – Gastgeber erwarten so bald wie möglich Ihre Rückmeldung. Können Sie noch nicht definitiv zu- oder absagen? Klären Sie mit den Gastgebern, bis wann sie Ihnen Aufschub gewähren, damit diese planen können (▸ ab S. 149). Die Gastgeber geben Ihnen die Ehre der Einladung. Da lassen Sie es wohl nicht dabei bewenden, grußlos ein Formular zurückzuschicken. Vertreter der alten Schule fügen gepflegt hinzu: »Es ist uns eine Ehre.« Lockere wenigstens: »Ich freue mich!!!« Dynamische und Natürliche schreiben schlicht: »Danke, wir kommen gern.«

Absagen verlangen Fingerspitzengefühl und eine – schlüssige – Begründung für das Fernbleiben. Traditionelle werden zumindest »bedauern, dass wir Ihnen urlaubsbedingt unsere Wertschätzung nicht durch unsere Anwesenheit erweisen können«. Natürliche beschränken sich eher auf: »Wir haben schon den Urlaub gebucht; es tut uns leid, dass wir nicht mit Ihnen und Ihrer Familie feiern können.« Lockere erläutern am Telefon, warum was wie nicht geht. Bleiben die Dynamischen: Sie laufen Gefahr, ein »Geht nicht« diagonal über die Antwortkarte zu werfen. Sachliche Stringenz ist fein, könnte hier aber barsch wirken. Bedauern sollten auch sie ausdrücken; sie wollen doch wieder einmal eingeladen werden (Formulierungshilfen für persönliche Äußerungen ▸ S. 46).

»Merci vielmals«: sich bedanken

Sie packen sorgfältig eine Schachtel feinster Pralinen ein, schreiben eine liebevoll gewählte Karte, tragen das Ganze zur Post – und dann: Keine Empfangsbestätigung, kein Danke, nichts. Sie fühlen sich schlecht, richtig? Und Sie selbst ersparen einem Schenkenden so ein schlechtes Gefühl, richtig? Als Natürliche sowieso, als Traditionelle auch. Und als Locker-Lässige? Warten Sie nicht, bis Sie dem Absender live ein Küsschen auf die Wange drücken können. Bis dahin haben Sie die Pralinen längst ge- und vielleicht vergessen. Lieber ein Kärtchen, eine E-Mail oder wenigstens ein Anruf. Und wie halten Sie es als Dynamische? Wer Sie gut kennt, erwartet von Ihnen kaum, dass Sie jetzt ein Schreibwarengeschäft auf- und nach einem passenden Motiv durchsuchen. Legen Sie sich bei Gelegenheit einen Kartenfundus an. Das Wort »Danke« können Sie doch schreiben, gell? Ansonsten: Ein Anruf ist auch okay.

Gratulieren

»… mit größter Freude möchte ich mich in die Schar der Gratulanten einreihen und Ihnen, leider verspätet, doch nicht weniger herzlich, zu Ihrem persönlichen Ehrentag gratulieren. Ich hoffe inständig, dass das kommende Jahr ein sehr glückliches ist, voller Momente, an die Sie sich noch gern und lange erinnern möchten. Hierbei sollen Ihnen Gesundheit und innere Zufriedenheit treue Weggefährten sein. So verbleibe ich für heute mit meinen besten Wünschen und sehr freundlichen Grüßen …«

Nein, das ist kein konstruiertes Negativbeispiel aus der launigen
Präsentation eines alten Korrespondenzlehrgangs. Das ist ein
echter Geburtstagsbrief aus dem Jahr 2011. Sie haben sicherlich
einige der Ausdrucksfehler in dieser Realsatire entdeckt:

- Worthülsen: »persönlicher Ehrentag« statt »Geburtstag«,
- abgegriffene oder falsche Sprachbilder: »in die Schar der
  Gratulanten einreihen«, »Gesundheit und … Zufriedenheit
  treue Weggefährten«,
- unmäßige, aufblähende Adjektive: »größte Freude«, »innere
  Zufriedenheit«, »sehr freundliche Grüße«.

Wenigstens ist dem Gratulanten eine gewisse Konsequenz nicht
abzusprechen; wenn schon falsch, dann richtig. Die Empfänger
solcher Machwerke müssen ihrerseits gleich zwei Kunststücke
vollbringen: 1. sich durch die Schwurbelei und Nachlässigkeit
nicht herabgesetzt fühlen und 2. sich mit Anstand dafür bedanken:
Denn auch ein Jubilar hat Pflichten. Hauptsache, Sie verlangen
von Ihren Lesern nicht einen solchen Grad an Selbstdisziplin.
Gratulieren Sie schriftlich, wie Sie mündlich gratulieren würden:
konkret, wertschätzend, persönlich (▸ ab S. 119).

Weihnachtspost

»Frohes Fest und alles Gute zum neuen Jahr.« Alle Jahre wieder
ranken sich die mehr oder weniger gleichen Worte um die mehr
oder weniger originellen Motive. Für Individualisten ist das nichts.
Wie sehen deren Grüße zum Jahresende aus? Vielleicht so: Traditionelle könnten übers Jahr in Antiquariaten oder auf Flohmärkten
nach alten Bildmotiven stöbern und diese professionell auf Karten
kleben oder scannen (lassen). Für Natürliche ist der Jahresbrief das
Medium der Wahl: So weiß Ihr ganzes Umfeld auf einen Schlag,
was bei Ihnen los ist. Persönliche Sätze für jeden Adressaten nicht

vergessen. Für Dynamische: Prägnant muss nicht formlos sein. Haben Sie eine kreative Ader? Skizzieren Sie von Hand eine Kerze oder einen Zweig; Picasso kam auch oft mit wenigen Strichen aus. Als Lässige wählen Sie bitte keine Schwarzwaldtanne im Schnee. Niemand nimmt Ihnen ab, dass Sie hinter diesem Motiv stehen. Vielleicht doch schon im Herbst mal Karten aussuchen? Und die lieber Anfang Dezember als im Februar verschicken?

Traurige Anlässe: Krankheit und Tod

Die Hauptsache in einem Brief an einen Kranken sind konkrete Genesungswünsche. Doch was kann man schon wünschen, wenn der Patient und Sie wissen, dass er unheilbar krank ist? Etwas bleibt sogar für ihn zu hoffen: eine tätige und sensible Unterstützung durch Ärzte, Pflegekräfte, Freunde und Familie, gegebenenfalls Geborgenheit im Glauben und vor allem Schmerzfreiheit. Schreiben Sie ihm das – und dass Sie an ihn denken. Das ist nicht viel, doch es ist glaubhaft und einfühlsam zugleich.

Kondolieren

Schreiben Sie als einzelne Person besser an eine Einzelperson als an mehrere Hinterbliebene. So können Sie im Singular bleiben, und korrekte Formulierungen gelingen problemlos: »Ihr Bruder« statt »Ihr Bruder/Schwager/Dein Onkel«; »Ich habe« statt »Mein Mann und ich haben«. Schließen Sie die anderen in den »stillen Gruß« am Ende ein: »auch an/auch von«.

Eine stimmige Aussage ist auch bei einem Kondolenzschreiben das A und O. Diese finden Sie am einfachsten, wenn Sie sich diese Fragen stellen und die Antworten genau so schreiben:

1. Was haben Sie wie erfahren? (vom Tod des Vaters gelesen …)
2. Welche Gefühle löst das in Ihnen aus? (Bestürzung, Trauer …)

3. Was wünschen Sie dem Hinterbliebenen? (Kraft, Trost im Glauben oder durch die Gewissheit, dass das Leiden beendet ist …)

4. Was können Sie anbieten? (offenes Ohr, tätige Hilfe, Besuch …)

Traditionelle finden geschliffene Worte selbst in schwieriger Lage. Doch bitte keine Kunst am Wort: »Seien Sie meiner aufrichtigen Anteilnahme versichert« klingt eher hölzern als aufrichtig. Auch dynamische Personen verheddern sich nicht in Gefühlen. Denken Sie beim Schreiben nur daran, dass andere welche haben. Nicht zu schnell zur Tagesordnung übergehen. »Ich komme dann nächste Woche zur Heizkostenabrechnung vorbei.« – das jetzt bitte nicht. Wer von natürlicher Empathie geprägt ist, findet stets Worte für emotionale Nähe: »Ich schließe Sie in mein Gebet ein.« Stop; nicht jeder fühlt sich in Gottes Hand geborgen. Ein »Ich denke an Sie« könnte einfühlsamer sein. Lockere tun sich schwer damit, negative Emotionen in Worte zu fassen. Lassen Sie den Federhalter stecken, gehen Sie ans Krankenbett oder ins Trauerhaus und nehmen Sie die betroffene Person in den Arm. Sie versteht Sie auch ohne Worte.

BLAMAGE-PROPHYLAXE

Wie unkonventionell Sie Ihre Post auch gestalten, diese Klippen können und sollten selbst Individualisten geschickt umschiffen:

- Inhalts- und Schreibfehler: Sie senken Ihren Status und lassen die Wertschätzung des Adressaten vermissen. Lieber mal im Duden nachsehen.
- Informationsdefizite: Fehlende und falsche Angaben sind nur ärgerlich.
- Übertriebene, schwülstige Formulierungen: Sie lassen auf einen selbstverliebten Autor schließen: Nabelschau gehört ins Tagebuch, nicht auf die Post. Die Erbtante würde bestimmt misstrauisch, wenn Sie sich allzu sehr um ihre »geschätzte Aufmerksamkeit« bemühten.

Prost Mahlzeit?
Mit Knigge
am Tisch

Die Gastgeber sitzen an der Kopfseite des Tisches. Kartoffeln werden nicht geschnitten. Eine Papierserviette wird auf dem Teller entsorgt. Mit dem Besteck wird signalisiert, ob das Essen geschmeckt hat … Das hört man hin und wieder, doch ist es richtig? Und warum überhaupt Tischregeln? Weil sie sich wie alle Rituale aus gutem Grund in den Konventionen etabliert haben, zum Teil schon vor 3.000 Jahren. Es gibt sie immer noch, und so manche hat Bestand, obwohl niemand mehr an den ursprünglichen Sinn denkt.

SITZEN, SCHIEBEN, LÖFFELN, SPIESSEN: TAFELRUNDE

Was man über korrektes Verhalten bei Tisch hört, unterscheidet sich oft von dem, was man zu Hause eingetrichtert bekommen hat. Welche Tischregeln sind sinnvoll? Welche sind alte Zöpfe? Und vor allem: Wo beginnt und wo endet die Freiheit bei Tisch?

Vor dem Essen: Countdown läuft

Doch langsam. Am Tisch sind Sie, da hier zuerst einmal von einem stilvollen Essen die Rede ist, noch lange nicht.

Auf die Plätze, fertig, sitz

Zu einem gesellschaftlichen Anlass bitten nach alter Tradition Gastgeberin und Gastgeber nicht Einzelpersonen, sondern Paare. Streng nach Protokoll geleitet der Gastgeber die Dame, die er z.B. aufgrund ihres Rangs zur »Queen« des Anlasses bestimmt, an die Tafel. Die männlichen Gäste führen jeweils ihre Tischdame an deren Platz und gehen dann an ihren eigenen. Zuletzt begibt sich die Gastgeberin mit dem männlichen Ehrengast an den Tisch.

APERITIF: EIN GLASREGELSPIEL

Wird ein Aperitif gereicht, müssen die Gäste nicht mit leeren Händen dastehen, bis sie ihre Plätze einnehmen, und sie kommen leicht ins Gespräch: *»Cincin!«* Werden die Gäste später gebeten, den Aperitif an den Tisch mitzunehmen, tun sie das. Wenn nicht, nicht. Nur wenige – Gastgeber wie Gäste – kennen allerdings diese Regel. Umsichtige Gastgeber helfen diskret: »Ihr könnt eure Gläser auf diesem Tablett abstellen.« Jetzt nicht auf Ex das Glas leeren. Es gibt noch etwas zu trinken. Bestimmt. Hoffentlich.

Wenn die Gastgeberin sich setzt, nehmen alle Platz; jeder Herr ist seiner Tischdame dabei behilflich. Ein echtes Zeremoniell – und für das Mittagessen in der Trattoria ungeeignet. Wobei: Würden Sie dort wirklich der Teamchefin – oder Ihrer Flamme – den besten Platz wegschnappen (Plätze ▶ ab S. 38)? Und sich schon etwas aus dem Brotkorb angeln, bevor sie überhaupt sitzt? Sehen Sie. Wer einlädt, führt; wer eingeladen ist, lässt sich führen. Gibt es keinen Gastgeber, verteilt man die Plätze einvernehmlich und setzt sich gleichzeitig: »Du hier, ich da, dann nehmen wir Nicole in die Mitte?« Das rät die Etikette. Und es dürfte allen Knigge-Spielern gefallen: dynamischen und lockeren, weil es schnell und einfach ist, natürlichen, weil sich niemand übervorteilt fühlt. Und traditionellen, weil das Prinzip bewährt ist. Dass ein Herr der alten Schule aufsteht, wenn eine Dame sich erhebt: Ehrensache. Für ihn.

Plätze-Gesetze – nicht nur bei Festen

Bei Verlobungen, Hochzeiten und späteren Paar-Jubiläen sitzt das Jubelpaar in der Mitte der Längsseite des Tisches nebeneinander. Bei allen anderen Anlässen sitzen Gastgeber in der Mitte der Längsseite einander gegenüber. Nicht weil zu befürchten ist, dass sich Paare im Lauf der Jahre gegen das Schienbein treten. Sondern weil sich sonst jeder unmittelbar nur um einen einzigen Nachbar-Gast kümmern könnte. So aber genießen vier Gäste den Top-Status. Ob die Gastgeber eines Festes Lebenspartner sind oder die eines Kundenevents Kollegen, ob ein Gastgeber oder Gast Mann oder Frau ist – all das ist heute zweitrangig. Erstrangig behandelt fühlt sich aber immer, wer direkt neben diesen beiden sitzt. Gäste-paare werden – auch bei Hochzeiten – getrennt platziert. Weil das Kontakt und Unterhaltung mit fremden Sitznachbarn fördert.

Bei Traditionellen sitzen Damen und Herren abwechselnd in »bunter Reihe« am Tisch, so dass jede Dame auf den Herrn zu ihrer Linken als Tischherrn zählen kann, der sie unterhält und mit Getränken, Brot, usw. versorgt. Natürliche berücksichtigen eher Affinitäten: Wer kann gut mit wem? Und praktische Aspekte, z. B. Bewegungsfreiheit für Linkshänder an einer linken Tischecke. Sie selbst nehmen mit unvorteilhaften, z. B. engen Plätzen an der Stirnseite vorlieb. Lockere führen nicht einmal als Gastgeber Regie; mit freier Platzwahl sind aber nicht nur traditionelle Gäste über-fordert. Auch Dynamische machen keinen Tischplan. Als erprobte Krisenmanager lösen sie dann gekonnt die Missstimmung einer »wichtigen« Person auf, die einen besseren Platz erwartet hätte. Mit etwas Vorbereitung wäre ihnen das allerdings erspart geblieben.

»Ellenbogen, Ellenbogen, sei doch nicht so ungezogen«

Machen wir es kurz: Die Ermahnungen zur Haltung bei Tisch, die Sie früher als Quälerei empfunden haben, gelten noch heute:

- Gerade sitzen.
- Nicht über das Gedeck der Nachbarn greifen.
- Die Hände auf dem Tisch ablegen, die Ellenbogen nie.
- Die Arme nah am Körper halten.

- Das Essen zum Mund führen, nicht den Mund zum Essen.
- Mit dem Besteck essen; nicht damit fuchteln und seine Worte unterstreichen.

Natürliche wissen: Das alles soll verhindern, dass anderen beim Zusehen der Appetit vergeht. Lockere hätten es gern bequemer. Es wird aber auch nicht verlangt, dass Sie so sitzen, als hätten Sie einen Besenstiel verschluckt. Warten Sie jedoch, bis der Kaffee aufgetragen wird, bevor Ihr Ellenbogen auf der Tischplatte landet. Dynamische führen einen harten inneren Kampf gegen das Gestikulierverbot. Sie wollen aber nicht Ihren Tischnachbarn mit Ihrer Messerspitze vor seiner Nase verschrecken, oder? Und Sie wissen, was die Traditionellen wissen: Tischmanieren werden als Hinweise auf Kinderstube und Persönlichkeit gewertet: »Du bist, wie du isst.« Und Sie sind doch wer.

Eins, zwei, drei, ganz viele: die Tischregeln

Messer, Gabel, Löffel, Teller, Tasse, Glas stehen Ihnen für ein Essen zur Verfügung. Auch die Finger gelten als Esswerkzeuge, nicht nur bei Fingerfood & Co. Doch von »Händen« ist nicht die Rede. Wenn, dann geht es um die Fingerspitzen. Höchstens.

Handwerkszeug und Gebrauchsanleitung

Nach der klassischen Gastronomielehre besteht ein einfaches Gedeck – für drei Gänge – aus Teller, Messer, Gabel, Suppenlöffel. Außerdem stehen links vom Teller der Brotteller mit dem Buttermesser und rechts Wein- und Wassergläser; das Dessertbesteck hat jenseits des Tellers seinen Platz. Beim festlichen Gedeck kommen die für das vorgesehene Menü notwendigen Bestecke hinzu. Bei drei Gabeln auf der linken und vier Teilen (Messer und Löffel) rechts sowie maximal vier Gläsern ist allerdings Schluss. Bei Bedarf wird nachgedeckt.

An Gerätschaften stehen Ihnen bei Tisch zur Verfügung:
- große, kleine, flache, tiefe Teller,
- für Suppen Terrinen, Tassen, Schalen und Gläser,
- unterschiedliche Besteckgrößen für Hauptgänge, Vorspeisen und Dessert,
- Sonderbestecke für Fisch, Schalen- und Krustentiere sowie für Eier und Fischrogen (Kaviarmesser und -löffel),
- Gläser für Getränke aller Art mit und ohne Alkohol.

Neuere Errungenschaften der Tischkultur sind das Reagenzglas, aus dem Suppe getrunken wird, der Gourmetlöffel für Saucen und der Göffel, ein Löffel mit Zinken zum Aufspießen und Auslöffeln. Exklusiv, aber vom Aussterben bedroht: die Spargelzange, mit der die Spargelstange vom Teller zum Mund geführt wird.

Oben das einfache, unten das festliche Gedeck

Der Gebrauch von Besteck, Geschirr und Gläsern ist so geregelt:

- ⊙ Löffel und Messer werden in der starken, also meist der rechten Hand gehalten, Gabeln im Prinzip auch; sie wandern in die linke, wenn die rechte ein Messer hält. Linkshänder verfahren, wie es für sie am praktischsten ist.

- ⊙ Stellen Sie sich Ihren Teller als Zifferblatt vor und Messer und Gabel als Uhrzeiger. Legen Sie nun Ihr Besteck parallel in der Zeigerposition »20 nach 4« ab, heißt das: »Ich bin mit diesem Gang fertig.« »20 nach 7« bedeutet: Pause. So wissen Gastgeber und Servicekräfte, ob mit dem Abräumen begonnen werden kann. Damit kein Gast sich genötigt fühlt, sich zu beeilen, legen die Gastgeber ihr Besteck erst in dieser Position ab, wenn alle Gäste fertig sind.

- ⊙ Teller werden möglichst nicht gedreht; was beim Zerteilen Mühe macht, sollte vorn liegen. Haben Koch oder Servicekraft das nicht beachtet, sortieren Sie entweder die Speisen auf dem Teller um – oder drehen den Teller halt doch. Sie brauchen nicht Regeln um der Regeln willen zu befolgen.

- ⊙ Der Brotteller bleibt an seinem Platz, damit er beim Servieren der Gerichte nicht im Weg ist.

- ⊙ Sekt-, Wein-, Wassergläser werden am Stiel gehalten, um den Inhalt vor Wärme zu schützen. Ist das unpraktisch, fassen Sie das Glas unten am Kelch an. Dann trinken Sie halt so schnell, dass das Getränk in Ihrer Hand nicht warm wird.

Fazit: Diese quasi »handwerklichen« Etikette-Empfehlungen beschreiben das *Best Practice* und basieren auf rein pragmatischen Aspekten; Raum für individuelle Spielarten entsteht, wo das, was das Leben erleichtern soll, zur Last wird. Er wird daher nicht von der Persönlichkeit, sondern vom praktischen Gebrauch bestimmt sowie vom Zusammenspiel zwischen den Essern und den Personen, die den Tisch decken und das Essen reichen.

Mitten im Leben: Knigge-Stile und die Regeln

Spielräume liegen in den Feinheiten. Wer in klassischer Tradition speist, zerteilt nicht nur Kartoffeln, Klöße und Nudeln mit der Gabel, sondern auch Gemüse, Carpaccio und Fischfilet. Ja, wirklich. Befolgen Sie selbst die strenge Regel »Messer nur, wenn nötig«, belächeln Sie auch nicht die US-Amerikaner, die vom Steak mehrere Stücke abschneiden und diese nach und nach mit der Gabel in der rechten Hand essen. Als Traditionelle tupfen Sie sich die Lippen ab, bevor Sie sprechen; vor und nach dem Trinken sowieso. Ihnen käme nicht in den Sinn, jemandem einen Salzstreuer in die Hand zu drücken: Das »weiße Gold« wird nicht »verschenkt«; jeder nimmt es selbst vom Tisch auf. Sie verlassen zum Naseputzen den Tisch. Und ob Sie selbst niesen oder ein anderer – Störungen sind zu ignorieren, nicht nur beim Essen. Von wegen »Gesundheit!« Wer in den Code nicht eingeweiht ist, hält Sie für verschroben oder kühl; Sie könnten gelegentlich die natürliche Karte spielen, oder?

Natürliche betrachten Manieren, die auf einer vergessenen Symbolik basieren, als gekünstelt und glauben nicht, dass das Beherrschen ausgeklügelter Feinheiten den Genuss steigert. Eine Frau braucht doch keinen Mann, der sie betüdelt! Sie können sich selbst Wein nachschenken und Ihrem Nachbarn auch. Ihre Natürlichkeit bringt Sie manchmal in die Bredouille: Sie wollen Ihrem Nachbarn einschenken, aber nicht in seine private Zone eindringen? Bitten Sie ihn, sein Glas in Ihre Reichweite zu stellen. Sie wollen im Freundeskreis Ihr Essen heiß genießen, wenn bei schleppendem Service andere am Tisch noch nicht bedient sind? Nehmen Sie neben Ihrer eigenen Karte die dynamische in die Hand und fragen Sie, ob Sie anfangen dürfen; niemand wird Ihnen das untersagen.

Dynamisch-Schnelle essen so zügig, wie sie denken. Um dennoch nicht vor Ihrem leeren Teller zu sitzen, während andere noch genüsslich speisen: kleine Bissen und Schlucke nehmen; schlucken,

GERICHTE UND GERÜCHTE – UND WAS DAVON ZU HALTEN IST

Das hört man so	Und so ist es richtig
Die Serviette kommt zu Beginn des Essens auf den Schoß und bleibt bis zuletzt dort.	Stimmt genau. Ob sie aus Papier oder Stoff ist, stets soll sie griffbereit sein und beim Servieren nicht stören. Verlassen Sie den Tisch, kommt sie neben Ihr Gedeck. Ist sie auf den Boden gefallen, wird sie nicht wieder benutzt. Im Gourmetlokal bringt man Ihnen sofort eine saubere Serviette, andernorts bitten Sie darum.
Es ist verpönt, mit den Gläsern anzustoßen.	Das gesellige Ritual schlechthin, aber in förmlichen Kreisen und an großen Tischen ein No-Go. Zum Zuprosten das Glas heben, »Zum Wohl« sagen, über das Glas hinweg offen in die Runde blicken, trinken und nochmals in die Runde blicken.
»Guten Appetit« sagt man heutzutage nicht mehr.	Man hat es an einer eleganten Tafel nie gesagt, und das ist heute noch so. Im lockeren Rahmen ist es aber üblich. Reißen Sie selbst dort als geladener Gast nicht das Zepter an sich. Sie führen nicht Regie, wünschen also auch keinen »guten Appetit«. Auch »Zum Wohl« wünscht streng genommen nur der Gastgeber. Gäste danken.
Brot wird gebrochen.	Von Brötchen, Baguette, usw. werden mundgerechte Stücke abgebrochen, die man buttert oder in Öl tunkt. Von mit Butter bestrichenen dünnen (Toast-)Scheiben wird abgebissen.
Kartoffeln, Nudeln, Eier und Salat schneiden: strengstens verboten.	Das Verbot war nützlich, weil Silberbesteck im Kontakt mit Stärke, Säure und Ei anläuft. Im Zeitalter von Spülmaschine und Edelstahl ist es Unsinn. Jedoch gilt es als elegant, mit einem einzigen Besteckteil und einer Hand auszukommen – bei Stäbchen mit zwei in einer Hand.
Besteck in Position »10 nach 2«: Es hat nicht geschmeckt.	Diese »Regel« gibt es nicht. Mängel werden von einem zahlenden Gast im Lokal sofort reklamiert; eingeladene Gäste kritisieren nicht.
Es ist erlaubt, sich bei Tisch die Lippen nachzuziehen.	Im Freundeskreis tolerierbar, bei offiziellen Anlässen verlassen Sie dafür den Tisch. Auch unter Freunden pulen Sie sich nicht die Petersilie aus den Zähnen.

bevor Sie den nächsten Bissen nehmen; statt heißes Essen kühl zu pusten, das Besteck ablegen; in die Runde schauen, reden. Zur Unterhaltung beitragen fällt Ihnen doch leicht. Wollen Sie Ihre Suppe aus der Tasse trinken? Klar! Doch bitte nur den letzten Schluck klare Brühe, damit Sie sich weder verschlucken noch bekleckern. Eines noch: Auch Ihr Smartphone hat eine Aus-Taste.

Liebenswerte Lockere essen mit anderen, weil es dabei menschelt, Kostverächter sind sie aber nicht. Beim Nachbarn probieren, Brot in Sauce stippen, ohne Aufforderung durch die ranghöchste Person (Chef, Gastgeberin) das Jackett ablegen – das alles geht bei einer lustigen Party immer, zum Essen bei Freunden vielleicht, an einer eleganten Tafel nur, wenn Sie als Gastgeber die Spielregeln bestimmen können. Nirgendwo kommt es gut an, wenn Sie Ihren Teller wegschieben, um auf dem Tisch für Ihre Unterarme Platz zu machen. Aus der Flasche trinken Sie nur an einem Tresen, und Tassen werden am Henkel gefasst. Soviel Tradition darf sein, oder?

ERLAUBT ODER VERBOTEN?
ANDERE KULTUREN

So wie unsere Gebräuche in die christlich-abendländische Kultur eingebettet sind, haben andere Kulturkreise ebenso ihre eigenen Sitten und Speisegesetze. Erkundigen Sie sich vor einem Besuch im Ausland nach den jeweils wesentlichen Punkten, z. B. Verzicht auf Alkohol (islamische Länder), Handhabung von Stäbchen (Fernost) oder Trinksprüche (Russland). Sie müssen in China nicht schlürfen; Chinesen übrigens auch nicht. Vor allem Reinheitsgebote sind wichtig; von denen der Juden und der Muslime und von der Kennzeichnung erlaubter Speisen als »koscher« und »halal« haben Sie vielleicht gehört. Fragen Sie Gäste aus dem Ausland genauso wie türkische oder indische Kollegen, mit welchen Speisen Sie ihnen eine Freude machen können.

HABEN SIE'S ERRATEN?
IN EIGENER SACHE II

Haben Sie sich die Frage nach den Stil-Vorlieben der Autorin gestellt?
Was haben Sie zwischen den Zeilen gelesen? Die Antwort: Sie zieht oft die
natürliche, hin und wieder die traditionelle oder die lockere Karte und solange
man sie lässt, die dynamische. Und wenn man sie nicht lässt: erst recht.

Vegetarier und andere Anders-Esser

Allergiker, Diätpatienten, Vegetarier und alle sonstigen »Anders-Esser« sorgen dafür, dass sie essen können, was sie essen dürfen; alle »Normal-Esser« akzeptieren das. Natürliche fragen, bevor sie ein Menü festlegen, die Gäste nach etwaigen Einschränkungen. Traditionelle fühlen sich, wenn Unverträglichkeiten geäußert werden, in ihrer – klassischen – Menükomposition beschnitten, halten sich aber an die Positivliste eines Anders-Essers. Dynamische und Lockere: bitte bei den Angaben zu den individuellen Speisegesetzen genau hinhören, das kann lebenswichtig sein.

»Mag nicht«? Nein. Meckern gibt's nicht. Lassen Sie liegen, was Sie nicht essen; halten Sie sich an die Beilagen. Eine Bitte an die natürlichen Anständigen: Konfrontieren Sie Gourmets, denen schon beim Anblick eines Stücks Gänseleber das Wasser im Mund zusammenläuft, nicht mit der Tortur der geschundenen Kreatur beim Vorgang des Stopfens. Sie sind hier bei Tisch und nicht in einer moralphilosophischen Vorlesung. Genauso verschonen die Lockeren und Dynamischen eine junge Frau, die weder Sekt noch Bier noch Wein trinkt, mit der Frage, in welchem Monat Sie denn schwanger sei. Und nicht jeder Mann, der auf Alkohol verzichtet, ist ein trockener Alkoholiker.

CINCIN, SKÅL, À VOTRE SANTÉ: HIER GEHT'S **IN DEN (WEIN-)KELLER**

Seit jeher gehört in Europa ein guter Wein zum feinen Essen – u. a. wegen der aufwändigen Herstellung und der geschmacklichen Finesse. Wasser? Ja, neben Wein. Softdrinks, Biere, Tee? Indiskutabel. Gar so eng sieht man die Sache aber heute nicht mehr.

Für künftige Weinnasen: Schnellkurs Wein

Starke Reize machen das Gehirn unsensibel für schwächere. Daher trinken Genießer kalte vor weniger kühlen Weinen, leichte vor kräftigen, trockene vor lieblichen, weiße vor roten, junge vor alten.

Damit die Aromen wirken: für jedes Getränk das beste Glas,
von links für: Weißwein, Rosé, jungen Rotwein, schweren Roten, Dessertwein

Korrespondenzkurs: Speisen und Weine, die harmonieren

Speisen und Getränke sollen sich geschmacklich nicht totschlagen, sondern korrespondieren und in ihren Nuancen bereichern. Dabei ist das Grundprodukt – z. B. Fleisch – nur einer von mehreren Bezugspunkten. Außerdem spielen die Zubereitungsart, die Beilagen und die Sauce eine Rolle. Lassen Sie sich – dynamisch, locker, natürlich – von Ihren Vorlieben leiten; und solange Sie für sich entscheiden, nur davon. Traditionelle konsultieren lieber Fachleute und Weinführer (▸ S. 159).

Wer für den Genuss vieler verantwortlich ist, kombiniert nach seinem Geschmack innerhalb eines erprobten Rahmens z. B. so:

- ◉ Eiweißhaltige Vorspeisen wie Meeresfrüchte, Lachs, geräucherte Forelle: kräftige Weißweine mit wenig Säure
- ◉ Scharfe und bittere Vorspeisen: fruchtige Weiße
- ◉ Salat und Suppen: Wein zur vorigen oder folgenden Speise
- ◉ Gekochtes Geflügel, Rind; Fisch: nicht zu schwere Weine
- ◉ Eiweißreiche Hauptspeisen: Rote mit viel Gerbstoff
- ◉ Fette Hauptspeisen: säurebetonte Weiß- und Rotweine
- ◉ Gebratenes Geflügel, Kalb, Wild: kräftige Weiße oder Rote
- ◉ Käse: nach Geschmacksrichtung
- ◉ Nachspeisen: edelsüße Dessertweine, süßer als die Speise

So kommen für ein mehrgängiges Menü einige Weine zusammen. Davon, dass Sie jedes Glas leer trinken müssten, war nicht die Rede. Oft werden nicht mehr benötigte Gläser abgeräumt.

Weine systematisch zu erkunden ist eine ideale Beschäftigung für Traditionelle. Natürlichen ist das zu viel Aufwand: Einmal für gut befunden? Immer getrunken. Lockere nehmen spaßeshalber mal dies, mal das. Dynamische riskieren ungewöhnliche Kombinationen – nach dem Austausch mit Experten.

Immer flüssig bleiben: mit und ohne Alkohol

Obwohl traditionelle Gourmets es nicht gern hören: Es muss nicht immer Wein zum Essen sein. Solange Sie nicht heiße Schokolade mit Spargelsalat kombinieren, werden weder Ihre Geschmacksknospen rebellieren noch Ihre Gäste streiken. Sind Sie nur für sich verantwortlich, trinken Sie, was Ihnen schmeckt; und das kann ein Pils zum Hummer sein. Eine Geschmackspolizei gibt es nicht.

Wollen Sie als Gastgeber Speisen mit anderen Getränken als Wein harmonisch verbinden, können Sie:

- ein ganzes – nobles – Essen hindurch Champagner oder andere Schaumweine trinken; nicht nur als Dynamische mit Hang zum Luxus.
- Bier servieren: zum Spanferkel, zum scharfen Thai-Gemüse und zur Currywurst; Lockere und Natürliche danken es Ihnen. Für naserümpfende Traditionelle: Die Hl. Hildegard von Bingen (12. Jh.) riet zu Bier. Die Frau wurde 81.
- landestypische Gebräuche übernehmen: zum Sprossengemüse aus dem Wok Jasmintee, zu Tapas Sherry, Wodka zum Borschtsch. Sonst heben Sie sich harte Sachen sowie Cocktails und Liköre lieber für die blaue Stunde am Abend auf. Für die lustigen Lockeren: »Blau« bezieht sich hier auf die Tageszeit, nicht auf den Alkoholgehalt im Blut.
- Fruchtsäfte trinken, mit Sprudelwasser verdünnt, damit die Aromen der Speisen eine Chance bekommen.

DSDS: DEUTSCHLAND SUCHT DEN **SUPERGASTGEBER**

Sie wollen Freunden, Bekannten oder Geschäftspartnern in Ihren Wänden ein Verwöhnprogramm gönnen? Bereiten Sie sie in Ihrer Einladung darauf vor. Vor allem: Bereiten Sie sich selbst vor.

Wetten, dass … Sie Ihre Art zu feiern finden?

Wollen Sie nach Ihrer Einladung ausgepowert auf die Couch fallen? Das bekommen Sie leicht hin: kurzfristig planen, neue Rezepte probieren, die Wohnung bis in den letzten Winkel putzen.

Zum eigenen Vergnügen: Einladung ganz nach Typ

Als Lockere entscheiden Sie sich besser für ein Büfett oder Barbecue als für ein ausgeklügeltes gesetztes Dinner, als Dynamische lieber für ein kurz gebratenes Steak als für ein kompliziertes Soufflé. Natürliche sind mit Spanferkel oder Fondue glücklich, da sie, nachdem das Essen aufgetragen ist, gemütlich bei ihren Gästen sitzen bleiben können.

Ein *Running Dinner* ist etwas für Lockere: Hierbei wandert die Tischgemeinschaft von einem Haushalt zum andern: So ist jeder Beteiligte mal Gast, mal Gastgeber, und die Taxifahrer haben auch etwas davon. Als Traditioneller bleiben Sie bitte konsequent: Wenn Sie schon alles bis aufs i-Tüpfelchen und höchst elegant planen: Wie wäre es zur Abwechslung mit einem bestens geschulten Butler in Livree? Aber Vorsicht: Tun Sie das nur, wenn Sie ausnahmsweise

SCHMECK-TESTS
FÜR GESELLIGE RUNDEN

Blindverkostung: Flaschen in Alufolie wickeln. Nicht verraten, was eingeschenkt wird. Raten lassen, was im Glas ist. Bewerten, welcher wem warum am besten schmeckt. Das Geheimnis lüften. Für Lockere eine nette Abendbeschäftigung; Dynamischen gefällt der Wettkampfcharakter, Traditionellen die Genauigkeit der Beschreibungen.

Glasprobe: Trinken Sie Ihren Lieblingswein aus verschiedenen Gläsern nebeneinander. Aus welchem mundet er am besten? Für Natürliche, die vor dem Kauf neuer Weingläser stehen.

Wasserprobe: Trinken Sie Wasser aus verschiedenen Gegenden oder Ländern parallel und vergleichen Sie den Geschmack: Welches ist auf Dauer »Ihres«? Für Natürliche. Möglich auch mit Bier.

im Mittelpunkt des Interesses stehen wollen; denn damit sorgen Sie garantiert an den Tagen nach Ihrem Fest für Gesprächsstoff.

Eher für Dynamische, die in einem repräsentativen Ambiente leben geeignet: das *Walking Dinner;* hierbei wird jeder Gang mit einem anderem Gedeck in einem anderen Zimmer gereicht. Für den nächsten Tag Spüldienst und Putzkommando bestellen.

Ein schön dekorierter Tisch: Werden Sie kreativ

Eine fachmännisch eingedeckte Tafel ist eine wohl durchdachte und präzise angelegte Komposition von Tischtuch und Servietten, Besteck, Geschirr und Gläsern (▸ ab S. 140, Internet-Link ▸ S. 159); die Dekoration ist in Farben und Motiven auf den Raum, den Anlass und den Gästekreis abgestimmt.

Traditionelle holen Omas Linnen aus dem Schrank und polieren Kerzenleuchter und Familiensilber auf Hochglanz, Spezialbestecke für zwölf Personen inklusive. Wer sonst hätte für ein Mehrgängemenü genügend Utensilien der gleichen Sorte? Sie stellen für jedes Getränk das passende Glas zum Gedeck und Tischkarten an die Plätze – natürlich doppelseitig beschriftet. Bitte aber die Unterhaltung nicht vergessen. Dynamische Besitzer von Glastischen verzichten auf ein Tischtuch und decken Besteck und Teller aus verschiedenen Serien gangweise ein – in sich jeweils alles aufeinander abgestimmt; wie denn sonst. Natürliche legen Bast-Sets auf den Holztisch, schenken Wasser in bunte Becher und dekorieren den Tisch mit Blumen und Gemüse aus dem Garten. Sand und Muscheln vom Strand oder Blätter aus dem Herbstwald passen auch. Lockere wissen: Sich korrekt verhalten und gleichzeitig geliebt werden, das geht nicht, und streben deshalb Perfektion gar nicht erst an. Deko und Vorlegebesteck vom Flohmarkt? Warum nicht, ein Thema ist das garantiert, nicht nur fürs Tischgespräch. Und beim nächsten Trödelmarkt wird alles wieder verkauft.

Hurra, die Gäste sind da

Sie haben als Zeitpuffer einen Aperitif gereicht, um mögliche Verspätungen – eigene oder einzelner Gäste – aufzufangen. Jetzt sitzen alle Gäste am Tisch. Vorhang auf für das Menü.

Servieren und Degustieren: die harten Fakten

Als Erstes schenken Sie Wasser ein. Haben Sie den Wein noch nicht geöffnet? Tun Sie es jetzt. Ob der Verschluss aus Kork, Kunststoff oder Glas ist – verkostet wird auf jeden Fall:

1. Sie schenken sich einen Probeschluck ein.
2. Sie halten das Glas gegen das Licht: Ist der Wein klar? Dann darf er ins Glas; sonst: neue Flasche.
3. Sie prüfen mit der Nase das Bukett. Riecht der Wein nach Kork oder Essig? Ab in den Ausguss. Neue Flasche. Von vorn.
4. Riecht er gut, nehmen Sie einen Schluck und behalten ihn kurz im Mund; nicht laut schlürfen. Ist er nicht in Ordnung? Ausguss, siehe oben. Ist er gut, ist er auch für Ihre Gäste gut.
5. Schenken Sie ein, setzen Sie sich hin. »Zum Wohl.«

Und dann gibt's was zu essen. Das Servieren ist ein Kinderspiel:

- An der rechten Seite eines Gasts bringen und entfernen Sie Gläser, Teller, Tassen aller Art, Löffel und Messer. Von rechts schenken Sie auch die Getränke ein.
- Von links bringen und entfernen Sie Brotteller und Salatschälchen sowie Gabeln, und Sie reichen Brot, Butter und Speisen, die Sie vorlegen oder die die Gäste sich nehmen.

Und was tun die einzelnen Knigge-Typen?

Traditionelle und Natürliche halten sich an diese Empfehlungen, weil sie *Best Practice* sind: Gegen Bewährtes ist kein individuelles Kraut gewachsen. Es kann aber praktischer sein, von links einzuschenken, z. B. weil ein Linkshänder sein Glas dorthin gerückt hat. Natürliche möchten vielleicht einem Gast die Ehre erweisen, den Wein zu verkosten. Doch was, wenn der nicht gut ist? Ersparen Sie – dem Gast und sich – das Problem. Lockere achten bitte darauf, dass sie vor lauter Plauderei das Servieren nicht vergessen: Ihre Gäste sollten warme Gerichte warm essen können. Vorgewärmte Teller leisten nicht nur Ihnen gute Dienste. Dynamische legen bitte zwischendurch einen Boxenstopp ein: Servieren Sie lieber zuerst wenig und dann immer wieder nach. Treiben Sie Gäste nicht an.

Die Leute sind nicht nur zum Essen hier

Laden Sie ein, um Ihre Kochkünste und das Edelste aus Ihrem Weinkeller zu präsentieren? Oder Ihre neue Wohnung oder den neuen Freund? Immer sollte (auch) Ihr Ziel sein, Ihre Gäste ins Gespräch zu bringen; denken Sie bei aller Koch- und Serviertechnik daran. Machen Sie Ihre Gäste miteinander bekannt (▸ S. 77, S. 118). Setzen Sie sie so, dass sich Gemeinsamkeiten ergeben (▸ ab S. 137), moderieren Sie das Tischgespräch (▸ ab S. 116). Ermuntern Sie die Gäste, aus Ihrer CD-Sammlung ein Wunschkonzert zusammenzustellen. Und lassen Sie »aus Versehen« einen Reiseführer oder einen Kunstband auf einem Tisch oder Sideboard liegen: Irgendwer fühlt sich davon garantiert inspiriert.

PANNENHILFE

Ein Fleck auf Tischdecke oder Teppich? Selbst wer einen Hang zum Theatralischen hat, sollte sich und seinen Gästen eine Szene ersparen. »Ruhig Blut« ist auch geboten, wenn ein Gast ausfällig wird. Verschluckt oder verletzt sich jemand? Pflaster holen, Erste Hilfe leisten, im Notfall die 112 wählen.

DAMIT NICHTS SCHIEFGEHT:
RECHTE UND PFLICHTEN FÜR ALLE

Fragen des Gastgebers: Darf ich ...

... die Gäste bitten, Kinder und Hunde zu Hause zu lassen? Ja: Formulieren Sie Ihre Einladung eindeutig: »... Ina und Wolf zur Weinprobe«. Ihr Risiko: Die Gäste brauchen einen Baby- oder Dogsitter, der dann gleich wieder Geld kostet. Aber Sie haben, was Sie wollen.

... einen Gast, der vorzeitig an der Tür steht, nochmal um den Block schicken? Er muss aus Ihrer Schusslinie heraus. Er kann im Wohnzimmer Zeitung lesen, Ihrem Kind eine Gutenachtgeschichte erzählen, den Hund Gassi führen.

... Gäste im Wohnzimmer warten lassen, bis das Essen fertig ist? Klar, wenn Sie einen Unterhalter engagieren. Besser: Sie laden als Paar ein oder bitten einen Freund: Der eine betreut die Gäste, der andere managt die Küche.

... das Rauchen verbieten? Sagen Sie: »Der Aschenbecher steht auf der Terrasse.« Raucher finden das inzwischen normal.

... mitgebrachten Wein als Gastgeschenk behandeln; oder muss ich ihn öffnen? Sie öffnen ihn nur, wenn abgesprochen ist, dass sich die Gäste mit dem Wein an der Einladung beteiligen, und wenn die Sorte zum Essen passt.

... Besteck mehrfach verwenden lassen? Nur wenn Sie nicht zwischendurch abspülen können und zum Ablegen Besteckbänkchen eindecken. Sie müssen nicht wie in »Pretty Woman« ein ganzes Arsenal auf dem Tisch ausbreiten.

... meine Gäste zum Auftragen und Abräumen einspannen? Wenn's leger zugeht und die kurzfristige Unruhe Ihnen nichts ausmacht: klar. Sonst bitten Sie im Vorfeld einen einzelnen Gast, Ihnen etwas zur Hand zu gehen.

... sie bitten, ihre Smartphones vom Tisch zu nehmen? Es ist Ihr Haus, Ihr Tisch, Ihr Essen. Spielen Sie aber nicht den Oberlehrer, wenn Sie die Regeln erklären. Sie können frühzeitig durch die Blume zu verstehen geben: »Schön, dass wir heute mal ungestört zusammen sitzen.« Helfen weder zarte Andeutungen noch Winke mit dem Zaunpfahl? Nehmen Sie den Telefonierer zur Seite und bitten Sie ihn, das Gerät wenigstens stumm zu schalten.

... vor meinen Gästen schlafen gehen? Nur unter der Bedingung, dass die dann das Frühstück machen, wenn Sie wieder aufstehen. Besser sorgen Sie für einen gemeinsamen Schlusspunkt: »Schön, dass ihr hier wart. Ich freue mich auf euren nächsten Besuch. Jetzt wünsche ich euch einen guten Heimweg.« Konsequent bleiben. Stehen bleiben. Dann schlafen Sie bestimmt ruhiger.

Die andere Seite: Muss ich als Gast ...

... eine Einladung annehmen, zu der ich keine Lust habe? Nein, solange Sie entweder eine schlüssige Begründung haben oder bei diesen Leuten ohnehin nicht mehr eingeladen werden wollen (▶ ab S. 131).

... auf die Minute eintreffen? Nein, fünf Minuten dürfen Sie sich verspäten; sonst bitte bereits anrufen, sobald sich Ihre Verspätung abzeichnet (▶ S. 40). Reden Sie sich nicht auf das angeblich zu tolerierende »akademische Viertelstündchen« heraus. Ein Essen ist kein Hauptseminar und die Wohnung der Gastgeber kein Hörsaal an der Universität.

... immer ein Geschenk mitbringen? Bei gesellschaftlichen Anlässen nein, sonst ja. Blumen vor dem Überreichen auspacken, das Papier bitte nicht im Treppenhaus entsorgen, sondern in der Manteltasche. Bei großen Gesellschaften Blumen und auch andere Präsente vorher anliefern lassen. Blumen danach sind weniger üblich, aber darum nicht weniger elegant.

... auf dem mir zugewiesenen Platz sitzen und da sitzen bleiben? Dort Platz nehmen ja, bis zum Ende und durchgängig sitzen bleiben nein. Können Sie sich mit Ihren Tischnachbarn gar nicht anfreunden? Fragen Sie sich, warum der Gastgeber Sie dort platziert hat. Nutzen Sie die Gelegenheit, die Knigge-Stile Ihrer Sitznachbarn herauszufinden (Übungsanleitung ▶ S. 23). Beim Kaffee können Sie einen vorübergehend frei gewordenen Stuhl in anderer Nachbarschaft nutzen; kommt dessen Besitzer zurück, bieten Sie natürlich reuig an, seinen Platz freizugeben.

... von allem probieren, was auf den Teller kommt? Den Teller leeressen? Oder einen Anstandsrest liegen lassen? Drei Fragen: dreimal nein (▶ S. 146).

... bis zum bitteren Ende bleiben? Nicht unbedingt. Verabschieden Sie sich aber nur vorzeitig, wenn es gar nicht anders geht (▶ S. 41).

... mich später noch einmal schriftlich bedanken? Nur wenn Sie eine schriftliche Einladung bekommen hatten. Sonst genügen Anruf, oder E-Mail oder SMS.

WER ZAHLT, SCHAFFT AN: IM RESTAURANT

Ob ein Liebespaar den Valentinstag feiert, ob Onkel Klaus zum Essen bittet oder Geschäftsleute ihre Kunden verwöhnen: Wer in ein Lokal einlädt, ist für das Wohlbefinden seiner Gäste verantwortlich. Er wählt das Lokal und geleitet seine Gäste an den Tisch – im eleganten Restaurant sowie im Ausland vom Oberkellner geführt. Dort weist er die Plätze zu, empfiehlt Speisen, bestimmt und bestellt Getränke (nach) und verkostet den Wein. Schließlich zahlt er die Rechnung – diskret, daher nicht am Tisch –, hebt die Tafel auf und geleitet die Gäste zum Ausgang. Der Parcours ist traditionell praktisch geregelt (▸ ab S. 34, ab S. 137 und S. 152).

Wein und Speisen wählen und bestellen

Welche Geschmacks-Kombinationen von Speisen und Getränken im Prinzip als harmonisch gelten, wissen Sie (▸ ab S. 146). Genießer stimmen sogar die Speisen aufeinander ab und wählen kalte vor warmen Speisen, bei warmen flüssige vor festen und bei festen milde vor pikanten. Auf der – wie die Gastronomen sagen – »à-la-carte-Karte« finden Sie deshalb die Gerichte meist in dieser Reihenfolge aufgeführt. Wird Flaschenwein getrunken, wählt die Tischrunde am besten ähnliche Hauptgänge.

Traditionelle halten sich penibel an Empfehlungen. Lockere lassen sich nicht nehmen, sie zu ignorieren – auch okay. Natürliche stillen ihren Hunger schon einmal mit einem einzigen Gang. Dann bitte aber nicht wie ein Mahnmal dasitzen und den Gourmets beim Genießen zugucken. Vielleicht geht ja doch noch ein kleiner grüner Salat; es muss nicht die gratinierte Fischpfanne sein. Dynamische essen ruhig mal drei Vorspeisen, aber keinen Hauptgang. Alles fein.

Manchmal brisant: das Gäste-Rollen-Spiel

Nicht immer aber läuft die Sache glatt, z. B. weil die Rollen zwischen zahlenden und geladenen Gästen nicht klar verteilt sind oder weil die Spieler ihre Rollen nicht beherrschen.

Von Damen und (anderen) Gästen

Zwar behauptet die Statistik, die meisten Frauen – und nicht nur traditionelle – wollten eingeladen werden. Doch weder bei einem Date noch unter Geschäftspartnern ist eindeutig, dass der Mann zahlt. Warum auch? Sie können (als Frau, als Mann) locker und natürlich feststellen: »Ich schlage vor, wir machen fifty-fifty.« Oder aber: »Heute lade ich dich ein.« Wollen Sie das Gegenteil erreichen, dann ohne Scheu und ganz dynamisch: »Nett, dass Sie mich einladen.« Ganz schön mutig. Denn niemand wird sich die Blöße geben, einzugestehen, dass es gar nicht seine Absicht war, für alle zu bezahlen. Ob es aber so bald wieder zu einem gemeinsamen Essen kommt?

Das sind ja Typen da, im Restaurant

Natürliche spielen die Rollen von Gastgeber und Gast, weil das ihrer Vorstellung von Geber und Nehmen entspricht. Sie gehen respektvoll mit den Servicekräften um – wie auch sonst. Ihr Fingerspitzengefühl ist gefragt, wenn Sie als natürliche Frau einen Mann einladen. Ein lockerer Gast führt zwar selbst nicht konsequent, kann sich aber führen lassen, und das ist ja schon was; Hauptsache Freude mit- und aneinander. Ersparen Sie aber einem traditionellen Herrn die Irritation, sich von einer Dame »aushalten« zu lassen. Schneller als ein Dynamischer zu sein, ist schwer. Bitten Sie bei diesen beiden Gästetypen die Servicekräfte: »Bitte verkosten Sie den Wein.« Oder, später: »Machen Sie mir bitte die Rechnung fertig. Ich komme zum Zahlen zu Ihnen.«

Traditionelle spielen das Gastgeber-Gast-Spiel bis in jede einzelne Geste. Verlieren Sie dabei aber nicht die Kontrolle. Ruhig mal die dynamische Karte spielen, auf der steht: »Überblick«. Dynamische fühlen sich als Gastgeber wohl. Führen Sie gut – und gern mit den Zusatzkarten »natürlich« oder »locker«. Für die kritischen Dynamischen: Sie sind nicht als Restauranttester hier. Klar: Sie reklamieren ein Haar in der Suppe, doch bleiben Sie ruhig dabei (▸ S. 46). Soll eine Servicekraft kommen? »Herr Ober« ist veraltet, die »Frau Oberin« leitet ein Kloster und kein Lokal. Ein »Fräulein« ist die Servicekraft oft nicht, und »Hallo« heißt sie nicht. Geben Sie Ihr Signal per Blick, per Geste und notfalls mit »Bitte«.

BLAMAGE-PROPHYLAXE

Manche Tischregeln dienen der Unterscheidung: Wer hat sie drauf, wer nicht? Wer ist in die Feinheiten des Spiels bei Tisch eingeweiht, wer nicht? Sie zu befolgen ist je nach sozialem Umfeld Kür oder überflüssig. Andere gehören zum Pflichtprogramm. Wollen Sie Ihr Essen genießen und den Genuss der Tischgemeinschaft zumindest nicht stören, vermeiden Sie dies:

- Ekel erregen: schmatzen; mit vollem Mund sprechen; Reste auf den Teller spucken, statt sie mit der Gabel abzulegen; sich bei Tisch die Zähne reinigen
- Hygieneregeln verletzen: sich im Mantel an den Tisch setzen; sich in die Serviette schnäuzen; Brot anfassen und in den Brotkorb zurücklegen; mit dem eigenen Besteck Speisen aus Schüsseln angeln; sich kämmen
- Gerätschaften und Speisen zweckentfremden: Speisen mit dem Messer aufspießen und zum Mund führen; statt vom Teller aus der Beilagenschüssel essen; Salatschälchen leertrinken; mit Wasser gurgeln; mit Brot spielen
- egoistisch handeln: sich den besten Platz sichern; sich z. B. mit Wasser, Brot, Butter bedienen, ohne zuvor den Nachbarn davon anzubieten; mit Essen und Trinken beginnen, wenn noch nicht alle bedient sind; bei Tisch telefonieren; während andere essen, den Tisch verlassen.

BÜCHER, DIE WEITERHELFEN

Bücher der Autorin im GRÄFE UND UNZER VERLAG, München:

Der große Ess- und Tischknigge. *Mit umfassendem Auslandsteil*

Der große GU Knigge. *Ein Gesamtüberblick*

300 Fragen zum guten Benehmen. *Testsieger 2009 bei managementbuch.de*

Ebenfalls von der Autorin:

Erfolgsfaktor Smalltalk. Weltbild, Augsburg. *Individuelle Smalltalk-Stile*

KNIGGE2GO. iPhone-Apps. *Job- und Gastgeber-Knigge*

Stilvoll zum Erfolg. Hoffmann + Campe, Hamburg. *Der moderne Business-Knigge*

WEITERE BÜCHER

Hartmann, Michael: Der Mythos von den Leistungseliten. Campus Verlag GmbH, Frankfurt. *Wissenschaftlicher Hintergrund*

Heller, Eva: Wie Farben wirken. Rowohlt Taschenbuch Verlag GmbH, Reinbek. *Alles was man über Farben wissen muss*

Johnson, Hugh: Der kleine Johnson 2011. Hallwag, München. *Unabdingbar für Weinnasen*

Matschnig, Monika: Körpersprache. GRÄFE UND UNZER VERLAG, München. *Alles über Gesten, Signale, Wirkung*

Meyden, Nandine: Flirten mit Stil. Humboldt Verlag, Hannover. *Flirtkurs mit Tiefgang*

LINKS, DIE WEITERHELFEN

www.aici.org *Adressen für individuelle Imageberatung weltweit*

www.kochatelier.de *Menüplanung, Kochtipps, Tischkultur*

www.adtv.de *Tanzen lernen: Schrittfolgen*

www.mnemotechnik.info *Gedächtnistrainings*

www.mobbing.net *Wie Sie bei Mobbing reagieren sollten. Keine Rechtsberatung*

www.modezirkel.de *Lernvideos zum Krawattenbinden*

www.nia.din.de *Korrespondenzregeln DIN 5008*

www.protokoll-inland.de *Ratgeber für Anschriften und Anreden von Titelträgern*

IMPRESSUM

HINWEISE

Wenn die Sache es nicht erfordert, wird im Regelfall der Lesbarkeit zuliebe auf die sprachliche Unterscheidung zwischen männlicher und weiblicher Form verzichtet. Das System der Knigge-Stile wurde von der Autorin entwickelt; es ist von der LIFO®-Methode inspiriert. Die Rechte für den Begriff LIFO® (Life Orientations) liegen bei BCon International. Alleiniger Lizenznehmer für Deutschland und Österreich ist LIFO® Products & Consulting, München.

© 2011 GRÄFE UND UNZER VERLAG GMBH, München. Alle Rechte vorbehalten. Nachdruck, auch auszugsweise, sowie Verbreitung durch Film, Funk, Fernsehen und Internet, durch fotomechanische Wiedergabe, Tonträger und Datenverarbeitungssysteme jeglicher Art nur mit schriftlicher Genehmigung des Verlags.

Projektleitung: Nikola Hirmer
Lektorat und Satz:
Knipping Werbung GmbH, Berg am Starnberger See
Innenlayout, Typografie und Umschlaggestaltung:
independent Medien-Design, Horst Moser, München
Herstellung: Renate Hutt
Reproduktion: Repro Ludwig, Zell am See
Druck und Bindung: GGP Media GmbH, Pößneck
Illustrationen: Alle Illustrationen in diesem Buch stammen von Julia Hollweck
Coverillustration: Julia Hollweck
Syndication: www.jalag-syndication.de

ISBN 978-3-8338-2380-0
1. Auflage 2011

Die **GU-Homepage** finden Sie unter **www.gu.de**.

Ein Unternehmen der
GANSKE VERLAGSGRUPPE